BEING A SUCCESSFUL PLAYER IN LIFE

「特」級玩家

從虛擬世界戰到現實人生，絕不服輸的英雄之路

CONTENTS

Part 01

遊戲開始

我與魔王媽媽的戰略交鋒

常常有人問我，怎麼樣的人格特質才有辦法成為電競的職業選手？又是什麼樣的執著讓我可以對電玩如此痴狂，甚至被遊戲的勝負支配生活和心情？這兩句看似難以回答的問題，往往都被我用一個成語輕描淡寫地帶過，「義無反顧」。

故事要回到二十四年前的夏天。

當時是1999年，我只是個小學二年級的屁孩，我媽對我的管教隨著年紀日漸嚴格，記得當時很想和村裡的小朋友一起去廟口玩耍，但我媽老是給我設規矩，要嘛寫完數學習題或者背一首唐詩才能出門，久而久之我也懶得跑出門了，當時電腦這東西在澎湖還不是很常見的玩意兒，生活中唯一的樂趣就是每天下午5點守在電視機前，準時收看〈黃金勇者〉和〈暴走兄弟〉，卡通看完還會當場發病，一頭往沙發上栽，玩著盜版機器人和四驅車模型，瘋狂大喊：「躍動衝鋒龍捲風」！

如此空虛無聊的人生，在暑假的某一天，出現了改變。

最疼我的文彩表哥在炎熱的午後送來一部電腦，起初只是為了給我爸處理文書，但不曉得是不是文彩表哥發現我媽對我太嚴格，什麼都不讓我玩，也不讓我出門，想讓我的生活多點刺激？除了文書處理的軟體之外，還灌了遊戲在裡面。於是我假借好奇的名義，實實在在地玩上了人生中的第一款電腦遊戲《大富翁四》。玩著玩著，正當我以為電腦遊戲也沒什麼了不起，就是丟骰子靠賽而已的時候，我哥又來家裡幫忙「更新」電腦，離開之後偷偷跟我說最近有出一款新遊戲很夯你再玩玩看，不懂問哥哥！文彩哥踏出房門離開後，我的人生從此被遊戲綁架。

那次「更新」的可不是普通遊戲，它是時至今日仍活躍於線上玩家之中的《世紀帝國》。

當時才十歲的我，雖然唐詩背了不少，但是我連鍵盤滑鼠都不太熟悉，更遑論要搞懂什麼遊戲戰術，但當時的我用滑鼠控制著村民去尻野狼時，卻像是發現新世界一樣，就這麼一頭栽了進去，從和電腦對戰開始，慢慢摸索遊戲中每一個功能。不管是建築、採集、人力調度，一直到兵種的生產與研究，從和簡單的電腦 1V1 打到和高階電腦 1V7，原以為電腦遊戲都是像大富翁那樣靠賽，玩了《世紀帝國》才發現，小小一台電腦螢幕裡面，竟然有這麼刺激又考驗策略和手速的即時戰鬥！但你們可能很難想像，在這場世紀帝國的戰役之中，我最大的敵人不是困難等級的電腦、不是中國的連弩兵、也不是波斯戰象，是我老媽。

沒錯，我媽就跟世界上幾乎所有的媽媽一樣，極度討厭小孩玩電動遊戲。

這也讓我的鬥智戰場不僅在電腦螢幕裡，也在電腦螢幕外。

記得那時學校上半天課，中午回家過後就會滿心期待我媽下午出門上班的兩個小時，為了不讓我媽起疑心，吃完午餐之後我都會乖乖上樓假裝睡午覺，但其實心裡根本緊張刺激得睡不著，時間到了2點左右，耳朵就會開始張大，聽看看樓下有沒有拿鑰匙的聲音？只要我媽一拿起鑰匙，我的心跳就會因為刺激而開始加速，然後我就會揣著刺激的心跳蹦手蹦腳地慢慢走到樓梯間，聽到我媽關門上鎖的一瞬間，馬上就衝到樓下的電腦房按下開機鍵！

由於我媽下班時間不固定，大約都是4～5點間回家，一開始做壞事會很謹慎，還沒到4點我就會關機上樓裝乖睡覺，但是久而久之發現《世紀帝國》實在太香了，貪玩的時間越來越長，直到有一天聽到我媽提早回家的機車聲，我才急急忙忙地按下關機鍵，可是那時候的電腦實在菜得不行，開機和關機都要1分鐘以上，所以我媽一進門就聽到電腦房傳來強烈的風扇運轉聲，偷打電動直接被抓包痛打一頓！還被耳提面命電腦是給爸爸用的，嚴格禁止我偷玩，再抓到就是給我一頓粗飽！

原以為我無聊的下午時光終於因為《世紀帝國》這款遊戲而得到救贖，時至今日我都還能記得當時老媽出門我當下內心強烈的悸動，每天下午珍貴的2小時，全因我個人的貪玩而葬送了……嗎？

當然不可能！

隔天我媽關門出去我電腦還是照開，但這次有比較謹慎一點，怕我媽有意識會回馬槍，聽著摩托車的聲音確定走遠了才敢開機，然後穩穩的3點58分就準時關機，1分鐘都不能貪！但是魔高一尺道高一丈，有天下班我媽回家連防曬的手套都沒脫，一股旋風衝進電腦房裡往螢幕上面摸，摸到了一點溫度就來找我興師問罪，我又是被耳提面命，再玩我就死定了！加上一頓痛打，縮在電腦房的角落哭了整整1小時，還記得一開始哭是因為我媽用不求人無限抽打是真的痛，到後面是在哭我沒有電動玩的悲慘童年，那天我哭到連〈暴走兄弟〉開演了我都不看，現在回想起來，當初試圖用哭來抗議的我，就好比螳臂當車，因為當時的我還不清楚，眼前這隻

母老虎對於阻止兒子打電動的決心，好比愚公移山那麼堅定。

哭得唏哩嘩啦的我，隔天依然不知悔改，老媽出門之後又再次挑戰偷打電動，我還依稀記得這次我媽出門時我內心已經沒有悸動了，心跳已然不會加速，僅有的是小小心靈之中對抗大魔王老媽的堅定！這天我的策略是少玩半小時，3點半就關機，然後關機再放冰水杯到螢幕上加速降溫，試了幾次之後果然奏效！我媽每次回來摸螢幕都已經感覺不到溫度，心裡應該覺得孺子可教也，往後不會再懷疑我偷玩了吧！嘻嘻^^。

當時村裡面有電腦的家庭還真的不多，一雙手指都能數得出來，但我媽不知道去哪學來的電腦技能，某天她回家時發現螢幕上方有詭異的水漬，就直接把主機上的硬碟抽出來摸，我還記得當我一臉自信跟我媽進電腦房，到她抽出硬碟的瞬間臉色特變——她是特務嗎？這根本是特務才會幹的事吧？

這次被抓包的我，自然是少不了一頓痛打，當時年幼的我趴在地上哭得聲嘶力竭，第一次感受到了絕望，手腳上被不求人無情抽打的傷，都遠遠不及我再也無法玩《世紀帝國》的悲痛！從此以後便對我媽懷有敵意，甚至是恨意，覺得別人家的小孩都可以玩，為什麼只有我不行？

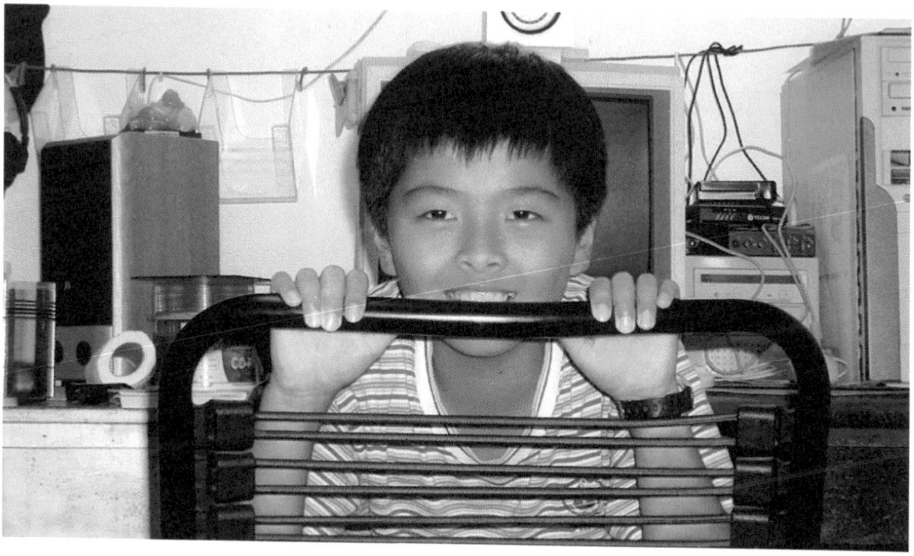

於是，那些年的下課午後，我仍舊死性不改，堅持偷打電動，只是我能玩的時間只剩下半個多小時，至少要在我媽下班前1小時關機才有可能讓硬碟也冷卻，但卻也因為如此，我更加地珍視這些難能可貴的時光，每天午餐吃完就是想著等下半小時要執行什麼戰術，要選什麼種族？打什麼策略？期望自己能在有限的時間內打贏一場遊戲！這些在腦海裡的盤算導致我常常在吃午餐的時候像個傻瓜一直看著空氣發呆，我媽老是看著我飯吃到一半放空的樣子喊我快點吃飯，搞不好覺得自己生了一個神經病。因為我媽從來就無法理解，那些遊戲的勝負、那些在腦海裡沙盤推演的戰術，對這個小男孩來說有多重要。

在遊戲時間被我媽壓縮到很可憐的幾十分鐘後，原以為我再也無法破關了，沒想到雖然遊戲時間少了，但我的策略和進攻反而因為事前的沙盤推演而變得極強，以前打不過的困難電腦1V7，竟然在被我媽摸完硬碟後的短短一個月就破了，當時小小年紀的我才意識到，原來遊戲要贏，靠的不是一直玩，而是足夠的謀略和思考。

《世紀帝國》破了最難的關卡之後，就沒有其他好玩的遊戲了，只能回頭去玩之前急著爆打困難電腦而沒有玩到的劇情部分，極為珍惜地一玩再玩。直到小學五年級的那年暑假，文彩表哥當時正在澎湖的一個小離島「虎井嶼」工作，便問我要不要去他那裡玩幾天，在那之前，我就聽聞阿彩哥哥因為工作需求有兩台電腦，一想到我去那裡可以毫無顧忌地玩其中一台，當然就二話不說答應了，現在回想起來，那是我童年回憶當中最精采的一段日子。

那時文彩表哥在虎井嶼的發電廠工作，一下船哥哥就帶著我環島參觀，電廠坐落於虎井的山下，旁邊還有一間破舊的虎井小學，爬到虎井的山頭看海，記憶中海面相當、相當地清澈，在蕩漾的藍色波光之中還帶著一抹綠色，好像藍寶石裡頭鑲嵌了一塊綠寶石！路上還見到一堆大蜈蚣，嚇都嚇死了，但當時島上的阿北將牠視為珍寶，每個人家裡都珍藏著好幾瓶蜈蚣酒，那酒瓶裡的蜈蚣是一條比一條還大！回到員工宿舍後，阿彩哥哥便說出了那句老話：「這款遊戲很夯」，就打開《天堂》讓我玩，不過現在回想起來，虎井嶼島上根本沒有7-11，我哥卻能掏出點數卡，想必是早就準備好要讓我玩了！

登入《天堂》的世界後，我整整玩了三天三夜，吃飯也不下樓，讓哥哥幫我盛上來邊玩邊吃，連晚上睡覺都在想著要不要爬起來練功，「魔量已經回滿了，都不放技

能好虧啊！」那是我人生第一次找到天堂，真正的天堂，沒有老媽在旁邊管、不用讀書不用寫作業、往外一看就是清澈碧藍的海洋美景，我只管好好在《天堂》世界裡面打怪練功，體驗升級還有走位與怪物搏鬥的快感！

那回，原本預計去虎井玩三天，但不知道是不是老天有意要留住我？居然在我極度捨不得離開的時候來了颱風，所有船隻都停止航行。那簡直是上天賜給我的大禮，讓我得以在虎井多賴上幾天，繼續享受在虎井嶼這段置身《天堂》的美好時光。

「好想再次回去那一年的虎井嶼啊！」無論時光荏苒增加或減少了什麼，歲月在我身上留下多少的愉快的印記或疼痛的傷痕，我總是這麼想著。

點燃戰火的天堂

《天堂》這款遊戲，幾乎陪伴了我人生當中的整個叛逆期，如果說《世紀帝國》是啟發我鬥智的遊戲。那麼《天堂》，就是激發我骨子裡戰鬥基因的起源！相較於單機的即時戰略遊戲帶給我的必須打贏電腦的求勝心，MMORPG（大型多人線上角色扮演遊戲）無時無刻存在的練等壓力更是讓我難以招架！每當我聽到《天堂》遊戲登出音樂遊戲的時候，我都很清楚地知道，遊戲裡的玩家們正在快速進步升等，急速與我拉開差距或者向我追趕。小小年紀的我內心就已經充斥著不想輸給別人的勝負欲。

於是，往日那種爾虞我詐的「偷玩」再也滿足不了我的需求，為了《天堂》，終於與我媽正面開戰。

現在想想，一直到現在，除了遊戲以外，可能還沒有什麼事物能夠燃起我那麼強烈的渴望。我從小時候到現在都物欲極低，超過自己能力範圍的東西，即使想要，也就是想想而已，不曾有過「我非要得到它不可」的激烈想法。

除了遊戲。

也因為這樣對遊戲的強烈執著，從開始接觸《天堂》的小學五年級開始，一直到國中三年級，這段期間我和媽媽之間的電玩戰爭幾乎每天開打。

從前那種「趁媽媽上班偷玩」的2小時，再也滿足不了我。我更常開始三更半夜裝睡後爬起來偷玩、趁我媽出門空檔偷玩，甚至在與我媽約定好的遊戲時間自動加時，無論是哪一種，我都付出了慘痛的代價，但不管是挨揍挨罵，我都覺得沒有關係，只要能夠好好的在電腦前練功升等就好。

因為我不想輸、不想被超越。我想贏，我要變得更強！

在此之前，我就算在家裡會跟媽媽鬥智玩《世紀帝國》，但大致上說來也還是個乖巧的小孩，在校成績一直保持得很好，在老師同學眼裡甚至有點內向，但《天堂》的人物養成需要花費大量的時間與精神，這讓我除了得一直找機會偷玩遊戲以外，半夜玩遊戲也讓我白天上課時精神不濟，經常在課堂上坐著就睡著了，因此也被一些老師視為品行態度不佳的壞學生。

但說真的，即使看起來好像整個變壞了，但我還是非常清楚自己的學生本分，我也很清楚，自己如果成績變差，就是坐實了大人眼裡「愛打電動就是壞小孩」的刻板印象，因此我每到段考前，還是會很認真地空出一段讀書的時間，強迫自己不打電動，好好把課本和參考書都讀過至少兩次，讓成績維持在全班前幾名。

之所以認真維持自己的在校排名，一來是因為我很清楚我媽有多在意我的成績，如果真的考差了，很難說她究竟會氣到做出什麼讓我再也進不了《天堂》的

激烈舉動；二來則是因為，我明確地認知到自己的身分就是個學生，維持成績是我這段時間應該做的事情，無論我再怎麼愛玩遊戲，都不會改變這個事實。

而我以為自己盡力維持得很好的平衡，卻在我面對遺忘之島的飛龍時，隨著被拔掉的網路線一起被消滅。

對，就在一個體感溫度只有10度的大冬天凌晨，我用冰冷的右手奮力和這隻飛龍纏鬥的時候，我媽從溫暖的被窩爬出來拔掉了網路線。

從沒想過我媽會使出這招，瞬間的驚訝與錯愕，讓我第一次感受到悲憤交加、無以宣洩的苦悶——我不只失去了那條飛龍，也失去遊戲角色5%的經驗值。

對於沒玩過《天堂》的人，可能不懂5%代表的意義。這對玩家而言，是等級越高受創越深的數字，對那時的我來說，這幾乎是好幾天甚至到好幾個星期，拚命在課餘以及和媽媽的戰爭中爭取到的時間上線奮鬥的心血。

而只是一個拔起網路線的輕巧動作，就讓這幾個星期的努力全毀了，那種無法挽回的絕望，對年輕時的我來說，無疑是重重的一次打擊。

一怒之下，我二話不說便把手上的鍵盤拿起來摔。

我媽被我的舉動嚇到了。這可能是我這叛逆的小孩做過最激烈的反應，可是我媽反而沒有責罵或是處罰我，她只是默默的把網路線接回去，好像也沒有阻止我繼續玩下去的意思。只不過，那時候的我早就已經失去要繼續玩的鬥志，我再度上線，不是為了做些什麼補救，而是心灰意冷地確認完自己所有的損失之後，便早早關機倒頭就睡。

奇怪的是，轉變卻從此開始。

我發現我媽開始研究起這款遊戲，因為她似乎想要了解究竟是多大的魅力，可以讓她的孩子對這款遊戲如此著迷，又為何會做出這種她從未見過的激烈反應。她甚至找了阿彩哥哥，問了他好多問題，因此得知了這樣的練等遊戲需要耗費大量的時間，才能得到更高回報，也才明白了為何我會對那失去的 5%如此耿耿於懷。

當時我天真地認為，在了解之後，緊接而來的應該就是慈母的寬容與接受了吧？想不到我還是太傻太年輕，接下來，我的母親大人竟然充滿智慧地對我說：「你要是玩到一半被我拔網路線會掉 5%，那我整個網路收起來你別玩，就不會掉 5%了啊。」

哎呀，真是太聰明了，不玩就不會掉經驗值這種簡單的道理，簡直太天才了，我怎麼從來都沒有想到呢？

此刻我已經不願意回想當時我面對我媽的表情有多扭曲了。

然而，想不到她此時的執念已經和我不相上下，原本一開始只是把數據機收在櫃子裡，我半夜還可以偶爾跑去拿出來玩，但也沒多久就被發現。接著，她竟然每天晚上都把數據機拿去放在自己枕頭底下，枕著數據機睡覺。

這根本是用生命在捍衛數據機了吧！我當時真想問她：「這樣妳睡得好嗎？妳會夢見妳兒子的《天堂》嗎？」

當然，她這麼做幾乎把我偷玩的難度調到最高，但畢竟我從小就熱愛高難度的遊戲，所以還真有幾次試著接近，想要從我媽的枕頭底下偷偷拿走數據機，但當我才躡手躡腳踏進房門，都還沒靠近枕頭呢，黑暗裡就響起了凌厲的質問：「你幹嘛半夜偷偷摸摸還不睡覺！」

那是我人生第一次被嚇到差點漏尿。

在這樣長期抗戰的情況下，我媽大概是被我堅定不移的奮鬥精神給感動，決定好好利用我對遊戲的渴望，於是退了一步要跟我約法三章。

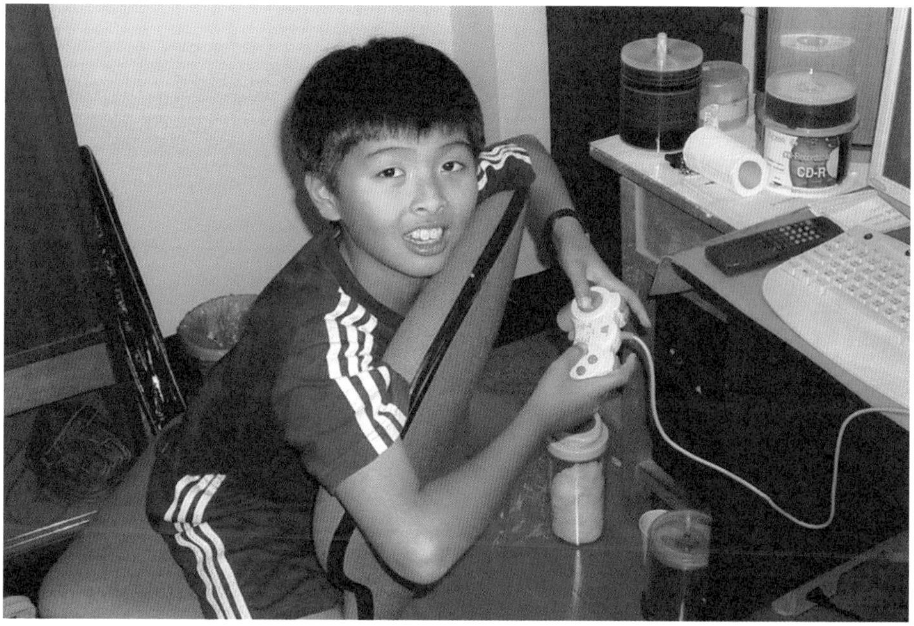
CD-R

ET-25

在天堂初嚐地獄滋味

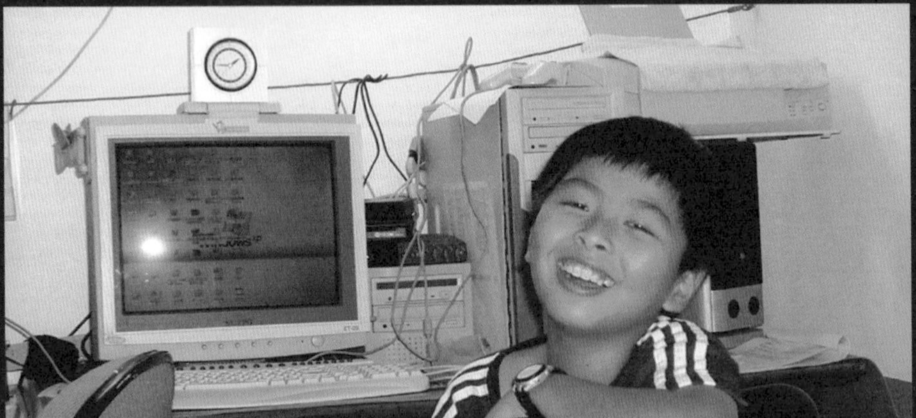

我媽對我的要求是放學回家之後，作業與補習班的功課全部做好，那就可以有2個小時的電腦使用時間。從前她可是死活都不願意讓我多碰電腦，這樣的退讓相信對她來說也不容易。面對這樣還算合理的要求，我也二話不說就答應了我媽。

這條實際上是利益交換的和平契約，不只減緩了我們母子間的緊張關係，還讓我原本的成績開始突飛猛進，名次飆升。因為我媽後來竟然聰明到設立了獎勵機制，她說，我要是段考可以考到好成績，前五名就可以多玩1小時，前三名再加碼1小時，要是拿到第一名，甚至可以一天有5個小時的電腦時光。

這誘因簡直太強大，原本上課根本懶得認真的我，為了可以光明正大地玩《天堂》，每一節課我都用心聽講，筆記抄得比誰都勤奮，任何老師說的話我也都拚命記在腦子裡。果然，段考成績出來後，我幾乎每次都在前幾名的位置，就連第一名的獎章也順利摘下，公布成績時，我開心得笑到嘴都合不攏，連雙眼恐怕都放射出喜悅的光芒。在別人眼裡看來，可能會以為我是個品學兼優的好學生，認真讀書有了回報所以開心，但實際上我才不在乎那些哩！我開心的就只有這麼一件事：我終於可以把更多時間花在心愛的電腦遊戲上！

不過，把需求轉換成動力，驅使自己更加努力的方法，也真虧我媽想得出來。雖然我成績已經很不錯了，我還是可以從我媽的細微的眼神之間看得出來「她寧願我別碰電腦」，即使如此，交換條件都說好了，她也不得不退讓。

但回頭再想想，要不是因為我媽開始用這種方式，讓我願意努力學習，可能最後也只會落得兩敗俱傷的收場吧，我其實很感激她做出了這些退讓與「交易」，而不是踩死立場，絕不讓我玩遊戲。

那都是因為我媽願意開始去理解遊戲對我造成的誘因，明白了我的個性，還有在這件事情上的堅持。那幾年，我跟我媽為了《天堂》幾乎天天吵架，我爸原本不會太管我玩不玩電腦，但也因為我們的爭吵而每天心煩意亂，我記得當時我爸還曾經語重心長地跟我說過：「要是 200 萬可以毀掉這款遊戲，我會毫不猶豫地花下去，至少可以換回你和你媽之間和諧的親子關係。」

殊不知，在多年後，我就連花了 400 萬在《天堂》製作「紫布」，都還是落得對簿公堂的下場。我爸當時 200 萬就想毀掉這款遊戲，實在是太傻太天真。不過，這都是後話了。

有時候我也會遇到一些苦惱的父母，問我該怎麼樣讓愛玩遊戲的孩子「回歸正途」，畢竟不是每一個人都能玩遊戲玩到成為電競選手的。

但實際上，我從來也不覺得這是歧途，即使最終沒有讓遊戲成為自己的本業，無法靠著遊戲賺錢，遊戲仍然是紓解精神壓力，甚至是磨練自己意志與智能的好方法。父母們該做的不是單方面因為懼怕而禁止，而是應該像我的母親做的那樣，和孩子們討論後達成一個協議，用「他們努力就能做得到」的目標，盡可能讓玩遊戲的渴望成為他們進步的動力，讓他們在學習的路上有一個顯而易見的目標，把時間放在學習的本分上，了解課業與娛樂之間的先後順序和輕重緩急。

這是很多父母親在教育孩子上的盲點，總認為只要禁止孩子去接觸所有他們眼裡的邪魔歪道，自己的孩子就可以如自己所願好好成長，但在我看來，這只是在扼殺孩子在不同事物上的發展潛能，讓他們在選擇不多的路上，走得不甘不願、毫無活力。

我常會覺得要是這個人生我再重來一百次，對電玩還是會有一樣的執著，我還是會為了在那個虛擬的世界盡情戰鬥，燃燒我在真實世界的靈魂與熱情，我還是願意承受母親的責罰和師長異樣的眼光，因為那是年輕的我心中唯一的火花、唯一信念的光芒。所以我長大之後，內心是很感謝我媽的，因為她即使再如何厭惡，卻還是選擇用理解代替封殺。即便這可能並不是真的考慮了多遠，但也的確養成了我的責任感，讓我無論如何也不會荒廢學業或是任何自己應盡的本分。

就當我媽和我終於能夠休兵止戰，而我終於能靠著自己的努力贏得玩遊戲的時光，但我的《天堂》卻遭遇到了前所未有的毀滅性打擊。

沒錯，我被盜帳號了。

當時，由於遊戲寶物價值高昂，遊戲公司的防盜機制也形同虛設，所以很多人都成為被盜帳號的受害者，只是我完全沒想到，這一天竟然這麼快就到來。

那一年我國中三年級，從小五開始累積的努力一夕之間成空，我從滿面春風的得意人生，變成一個失魂落魄、眼中熱情已死的行屍走肉。被盜帳號之後，不僅許多值錢的裝備都被賣光，盜我帳號的人還不斷用我的角色跑去自殺，一直死了又死、死了又死，死到我生無可戀，每看一眼就心痛一次。

事情發生後，整整三天我沒吃沒喝，失魂落魄，一開始我媽還擔心我究竟發生了什麼事情，為何好端端的突然間整個人像是中邪一樣，還考慮是不是要帶我去收驚。

「他被盜帳號了啦。」我表哥跟我媽解釋了一番。

轉眼間，我媽從擔心、煩惱突然變得春風含笑，整個人開心得像是中了樂透頭獎般，嘴角的笑意完全藏不住、也不想藏。對她而言，我的帳號被盜這回事，就像是一直以來纏著兒子的壞女人終於死了，一直以來的眼中釘、肉中刺、怎麼治都治不了的強敵，忽然間不費一兵一卒就自動灰飛煙滅，這簡直比天上掉錢下來還要香。

我媽甚至開心到準備了大餐想好好款待我。

「來啦，弘偉吃飯吃飯。」

「不要啦。」我哪有心情吃。

「來啦，吃啦吃啦，媽媽今天心情好！」我看我媽只差沒有手舞足蹈。

當時的我，就像失戀一樣，而且還是我苦心呵護、生死拚搏經營了好幾年的戀情。

那原本是我生活的重心，為了玩《天堂》，我可以不惜與母親開戰、可以半夜三更犧牲睡眠只為了多練那幾小時。如今那些我曾經努力過的一切，竟然就在一瞬間化為烏有，就像是否定了我這個人的存在，否定了我所有做過的努力，也否定了我對一件事情堅持到底的精神。

我媽以為，從此我就會對遊戲心灰意冷，恢復成她想要的好孩子，我一開始也以為自己會徹底絕望，奇妙的是，傷我最深的《天堂》盜帳號事件，竟然成為了我愛上另一款遊戲的契機，甚至是讓我變成電競職業選手的關鍵核心。

燃燒吧！我的戰略腦

「實現你平常不敢做的事。」是當年《天堂》的一個廣告文案，也是烙印在我腦海中最深的一句話。也因為這句話，在我最徬徨無助的年少時期，為我開啟了另一扇通往下一個新世界的大門。

當年在澎湖那個純樸的鄉下地方，俗稱「網咖」的網路咖啡廳，是一個令大人們極為厭惡的存在，彷彿踏進其中就萬劫不復，不是吸毒墮落就是群毆入獄，我爸還曾耳提面命地告誡我：「要去哪裡玩都可以，只有網咖絕對不能去。」

在大人的心中，那是個聚集了所有不學無術、品性惡劣壞孩子的不良場所。這多半也與當時網咖的年輕顧客群，大多在學成績比較不理想有關，那裡經常是在學校得不到認可的青少年們群聚的地方，但說真的，青少年本來就處於需要同儕的年紀，更何況在學校、成績上得不到主流的認同，當然更依賴朋友，也需要和朋友們相聚的場所。

這其實不是難以理解的人性，而且大多時候也並不犯法，當然更與場所無關，只是在那個年代，成績差的學生就是壞孩子，壞孩子聚會的地方就是危險場所，普通的好學生去危險場所會被帶壞，這種似是而非的邏輯非常盛行。

至於現在，網咖的汙名可能被洗除了，但那也只是把同樣的汙名硬是套用在其他地方而已，最根本的問題還是在升學主義下，成績差就是壞學生這種思考模式。

話說回來，其實我家裡就有電腦可以用，也和媽媽達成了電玩與成績平衡的協議，想玩遊戲，也沒有必要特別跑去網咖。只不過當時心灰意冷的我，其實是處於一種行屍走肉的狀態，即使回到家，我再也沒有想要趕快開電腦玩遊戲的衝勁，因為最後一次在家中電腦登入《天堂》接受帳號被盜光的那一幕，實在是令我無法釋懷。

那時的人生，就好像少了一塊什麼似的，好像再也沒有什麼能讓我拚命追求了。

直到某一天放學，同學邀請我一起去網咖，本來在當時社會氛圍的洗腦下，我直覺想要拒絕，但一想到不跟同學去玩，就要回家面對《天堂》人物被駭客盜帳號自殺的「命案現場」，乾脆和同學一起出去玩當作散心，我便答應了他們的邀請，體驗了人生中第一次的網咖行。

不過，去網咖不玩《天堂》的話，我還有什麼可以玩呢？

就在這時，新的戰場出現了！當時在《魔獸爭霸三》流行著一種玩家自製的moba 遊戲，遊戲的方式是由玩家操控英雄人物，在左右對立、兵分三路的地圖中相互廝殺戰鬥，每一局所有玩家都是從1級開始，身上沒有任何的裝備，只能透過與敵軍戰鬥以及打獵獲得金錢和經驗升級，最後用技巧與裝備等級優勢輾壓對手，打爆對方的主堡就算獲勝，然後再重複從1級開局。這樣的遊戲模式，對一個被盜帳號掠奪數年遊戲心血的人而言，簡直太適合了，這樣的遊戲每一局結束後你什麼都帶不走，能帶走的只有戰術思維與技術，而這也是永遠不可能被偷走的！於是我對遊戲的熱情，就此被這種「賽局清盤制」的 moba 重新燃起！

這類遊戲的出現，像是我空虛生活裡的續命丹，立即占據且填滿了因為《天堂》被盜帳號而瞬間真空的靈魂。我整個人像是活了過來，這遊戲不僅僅講究戰略與技巧，還要考驗與隊友的配合，面對的敵人不再是冷冰冰的怪物，而是有思想的對手，因此也產生了比《天堂》更多的思想碰撞！我開始有更多的空間可以去思考、去計劃，模擬每一種可能的情況，追求每一局甚至每一個決策，都能做出最適宜的戰術判斷。

這類遊戲首先接觸的是「三國 3.7d」，它超越了《世紀帝國》與電腦較量的燒腦極限，我必須在更快的時間內讓技術跟上我的反應，不只自己要快速發育，還要不時阻斷對手的成長，而這樣無時無刻你一來我一往瘋狂進攻的節奏，瘋狂的燃起我心中的熱血，這就是我想體驗的戰鬥，這就是互相較勁的技巧之爭，更是充滿各種變數的鬥智之局。每一次的戰鬥都讓我血脈賁張，每一次的勝利都讓我更加找回了對自己的信心。

然而，即使在這遊戲之中偶有失敗，那也無法抹滅我的鬥志。相較於《天堂》那種可以在一夕之間一無所有的風險，我在這款遊戲中得到的卻是完全不一樣的保障，因為思考後的戰略與技術，都是偷不走的，即使是從頭開始，或是給了我一個新的帳號，我這一身千錘百鍊的戰鬥技巧，也不會因為一場戰鬥失敗而歸零。

這遊戲陪伴著我一路成長到高中，但礙於必須顧慮到學業，當時我的英文明顯比其他科目弱，媽媽看不過去就把我抓去補習班，為了維持課業水準，我其實沒辦法有太多時間去玩，實際可以玩到的時間，一週僅有一次。但我的靈魂依然沒有被有限的遊戲時間禁錮，只要有空閒時間，我腦子裡就會開始高速思考遊戲戰鬥的細節，在腦內沙盤推演已經成為我的日常，等到終於有時間坐在電腦前實際戰鬥的時候，才能來印證自己模擬的戰略是否正確。

有趣的是，這樣的腦內模擬訓練，讓我「看起來很少玩，但每一次玩都是經過多次沙盤推演的結果」，在其他一起玩遊戲的朋友眼中，簡直進步神速。我相信大家在學校裡面都有遇過那種常常說自己沒讀書，但是考試的時候成績卻比大家都還要好的學生吧？我在一起玩遊戲的朋友們眼中，就是這種死不要臉的人。

隨著日子漸漸過去，原本嗆我的同學們也不得不開始佩服我，反而變得越來越喜歡跟我一起玩遊戲，因為我僅憑一己之力就能撐起整個戰局，跟著我打就能體驗殺敵致勝的快感！於是我是怎麼變強的？到底每天花多少時間躲在家裡偷練？這些問題的答案就不再重要了，想和我同隊一起玩遊戲的人越來越多，指名要挑戰我的人也不勝枚舉。

這種莫名爆紅成為風雲人物的感覺對我來說其實是很陌生的，原本的我，在學校其實不是特別突出的人，學業成績普普打球也不厲害，上課很吵常被老師罵，個性也白目到差點被學校的流氓揍。但因為《三國》的實力在校園中傳開來後，下課時間三不五時就有人到教室門口求教，「黃忠單挑要用什麼對抗？」「張飛裝備購買些什麼」諸如此類的遊戲問題每天都要回答好幾次，甚至身邊的戰友還會四處幫我下戰帖，搞得我好像某種武林盟主似的。

在那個網路資訊還不算太發達的時代，我因為電玩遊戲成了一個校園中的風雲人物，那種被眾人尊敬與愛戴的感覺，讓原本就有點白目的我，年少輕狂的氣焰越來越盛——這樣聽起來好像不太好？不，坦白說，我覺得這並不是壞事。

雖然老媽極盡所能阻止我碰電玩，老師也常常因為我上課時在教科書上寫了一堆密密麻麻的遊戲數據而體罰我，但內心那一股身為武林盟主絕對要很強的信念，讓我不顧一切地堅持下去，與其花時間去背那些以後畢業用不到的公式與文言文、接受著這些被師長安排好的人生道路，不如在自己喜愛的領域中毫無保留地拚命努力，了解自己的極限到底在哪裡，進而決定自己未來要走多難的路，且心無旁鶩充滿自信地走下去。

這些道理其實也不是當時的我所理解的，回頭看看不過就是當時的我對遊戲的熱忱與電玩帶來的成就感，遠遠大過生活之中的所有，才能讓我義無反顧地從魔王老媽與老師的臭罵中堅持下來，走出一條真正屬於自己的道路。

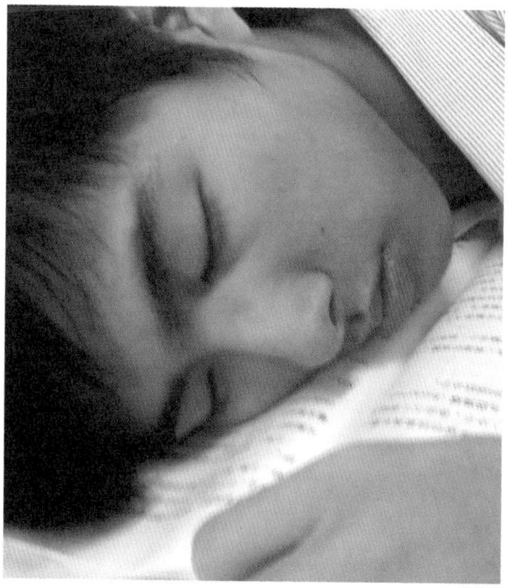

設定人生快捷鍵

Ctrl+ 學生本業

我其實是個不喜歡讀書的人。在學生時期，我至少都能保持中段以上的排名，一來當然是因為媽媽跟我的約法三章，讓我為了多一點時間玩遊戲而盡可能爭取更好的成績，畢竟那就等同於爭取更多遊戲時間；二來，也是因為我有某些堅守的原則，比方說，我認為做好自己的本分是很重要的事情，作為一名學生，維持一定的成績就是我的責任，在遊戲與課業之間達到平衡——即使是危險平衡——是我該做的事。

從小學迷上電玩到高中畢業離開澎湖，這段求學的時光裡，課業漸漸變得更難、更重，甚至英文成為了我最感頭痛的科目，也嚴重拉低了我的總成績與排名，為了維持成績，我被媽媽逼去補習，也花更多時間在複習功課以及考前的準備上，打電玩的時間變少了，但我為了維持爸媽心中的好學生成績，必須花那麼多時間去維持，這件事讓我感覺到那個「危險平衡」正漸漸地傾斜，而且不是往我喜歡的方向傾斜。

我開始思考，在這個必須廣泛吸收所有學科的基礎教育時期，有很多都是未來的我無論選擇任何職業都用不上的東西，那麼，「把每一科都念好」是必要的事嗎？

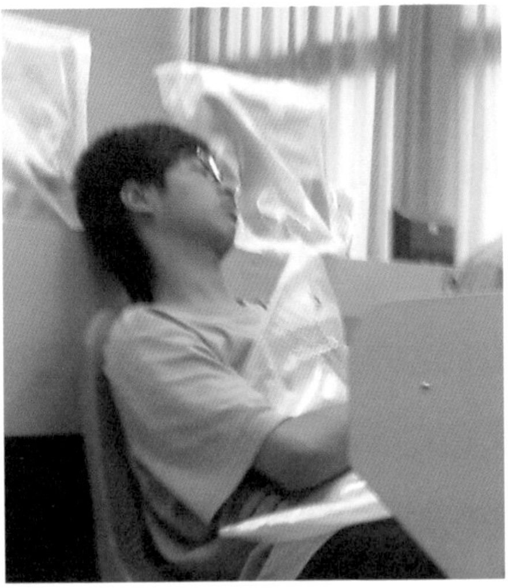

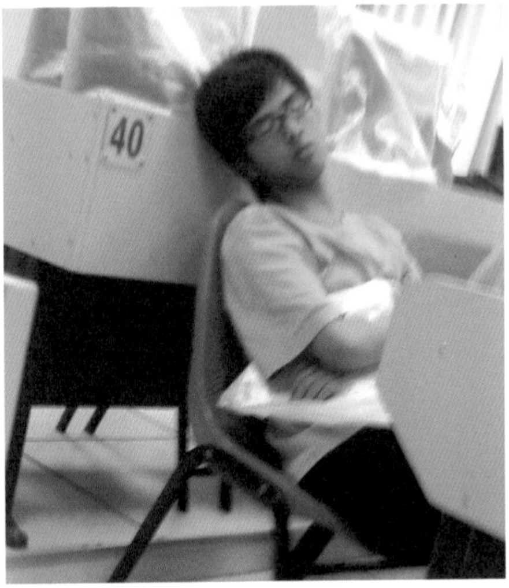

當然，在我的思考邏輯裡，顯然答案是否定的。

於是從國中開始，我選擇專攻某一個喜歡也擅長的科目，有時候是數學，有時候則是地理，然後把那一科讀到頂尖，其他科目維持還可以的水準就好。這麼一來，我可以得到基本的自信、維持還可以的成績，也能夠避免把大量時間虛擲在投資報酬率太低的學科上，導致自信心低落、玩不了電玩，成績也拉高不了多少的三輪困境。

高中後半段，我更意識到，讀書的成績其實就和打電動的輸贏一樣，都是依靠學習——大家能玩遊戲的時間都一樣，但我利用某些沒興趣的課堂在腦中模擬戰局、推演戰術，這和認真上課一樣，都是一種學習，只不過我學習的是遊戲戰略，和同一個課堂上的同學們學習的不同而已。

好吧，我知道，這看起來還滿像歪理的。但我始終堅信我與其他人遊戲程度的落差，全都源自於我的課本上滿滿的遊戲接技順序模擬和傷害計算。我也堅信著如果把眼光放得更長遠，遊戲的戰術思考絕對不只在遊戲上的攻城掠地有幫助，更能運用在往後人生中各種大大小小的困局裡，至少，課本上不會教你如何奇襲、如何繞道、如何隱藏意圖聲東擊西、如何欲擒故縱收放有度，而這些都是人生裡非常重要的技能。

如果說，學校是人生的新手村，做作業寫考卷是新手村裡的教學型任務，那麼我想我的策略就是，在一邊解任務的同時，也一邊藉著解任務的時機，再跑到遠一點的地方去探索與打怪。我當然會將新手任務解好解滿，因為不這麼做，我就無法推進故事主線，但同時，我並不要求每一個任務都做到五星完美，而更寧願把這些時間用在推進主線的部分，這麼一來，與別的玩家一起走出新手村的時候，我對整個地圖的掌握度、對局勢的理解，就會遠遠高於其他新手玩家。

新手村的任務，當然是很重要的事，但是別忘了，真正的人生大局其實是在踏出新手村之後才開始，就算不是為了往後的人生做好準備，至少也該在這段較沒有壓力與超強怪物的時期，玩得開心一點，保持對這個人生遊戲的興趣、熱情與彈性，而不是被新手任務先折磨了個死去活來，這才是遊戲與人生共同的真諦。

Ctrl+ 快樂童年

經歷過這麼一段與媽媽鬥智的童年，我深深地感覺到，除了我自己對遊戲的熱愛、自覺要做到最低限度的學生本分之外，在那個「生活不能自理」的童年時期，也有很大程度依賴著父母的心態與決定。

至今我一直很感謝我媽的一點是，她實際上和當時絕大多數的大人一樣，對「打電動」這件事深惡痛絕，認為那會讓孩子變壞——這裡姑且不討論這個觀念有多麼偏差多麼獨斷，但最終，我媽在我狠狠抵抗之後依然做出了讓步，就和我願意為了遊戲，盡可能保持課業成績一樣，她也願意為了讓我更樂於讀書，以遊戲時間當成一種獎賞。

要說這是各取所需也行啦，不過我真的相信，小學應該是要讓孩子盡量玩的，快樂長大永遠比什麼都更重要，在盡情接觸世界的同時，養成開朗與勇於嘗試的性格，父母親只要守住幾個大方向大原則，讓孩子有更多選擇，才能在課業之外的花花世界中，更理解自己喜歡什麼與不喜歡什麼，畢竟這世界上讀書讀得好的孩子並不多，即便是很會讀書的孩子，缺乏學校課業以外的成就感與樂趣，都是很危險的。

盡可能放手，讓孩子找到自己喜歡做的事，而且有足夠的時間去投入，只要確保孩子在投入的期間有不斷的學習和思考，那麼無論他們未來是不是要將這件事當成職業，這個過程對一個孩子的人格養成都是好事。

人生不是只有課業成績，也不會只有金錢職銜這些成就，「喜歡做的事」聽起來很沒用，但在未來很多時刻，都可能成為救了他們一命的重要後路。

在這個階段，用很少的成本，用更寬容開放的心，好好為孩子們準備好這樣的後路，是很划算的事啊。

Part 02

起戰

戰隊裡的前線烽火

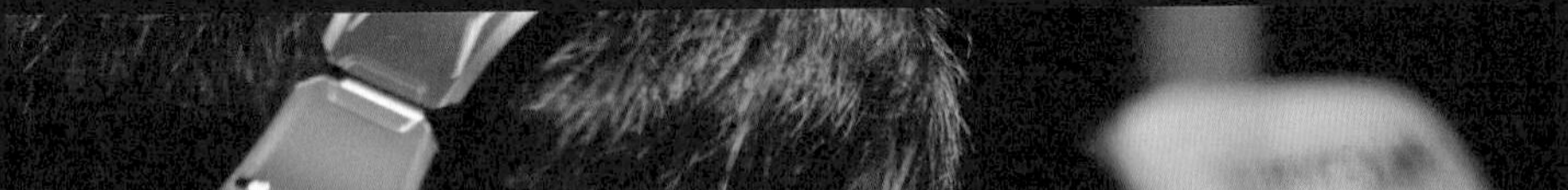

在高中畢業前，在我媽眼裡，我始終就是個愛打電動的扗捔囡仔。

對於高中畢業到台北讀大學之後，我會多麼瘋狂地埋首在遊戲裡，她大概也想像得到，所以只要她在澎湖家裡上網，發現臉書的聯絡人欄位裡，我在半夜還顯示為線上，或是都中午了我還沒上線，我媽就會打電話來，要我不要再玩電動了，已經很晚了，快去睡覺；或者唸我半夜打電動不睡覺結果起不來，是不是都蹺課了……等等。

我倒是沒有那麼誇張，該上的課我還是都去上了，而且已經到了大學，每一個選擇都事關未來，既然小時候我就懂得好好寫考卷是盡我的本分，有了自由之後，當然遊戲還是得打，不過對於未來，我也有我的規劃——當然，這一切，我媽都不相信。她只是覺得我會沒日沒夜打電動而已啦。

「哎喲，你怎麼又還沒睡？是不是還在打電動啊？我就跟你說，那樣沒前途，你都大學了，怎麼還不會想？現在失業率這麼高，你這樣以後根本……」接起電話，我媽的聲音開始行雲流水地傳來，那千篇一律的台詞，我都要懷疑她根本是錄音錄好了以後，設定每天同一時間自動撥電話給我時播放的。

「媽，我跟你說，我找到工作了……」我想說的話再度被我媽的錄音機打斷。

「……你這樣以後找不到工作的啦，不要以為念了大學就一定……什麼？你剛剛說什麼？」

原來真的是我媽，不是錄音啊。

「我說，我找到工作了！」我想假裝很冷靜，但聲音裡還是掩不住興奮。「你不用擔心我沒前途啦，我有工作了！」

「蛤？但你不是還是學生嗎？你找了什麼奇怪的工作？我跟你說，現在外面很亂，你不要隨便把戶頭借給別人喔！……」

「我戶頭又沒有錢，你知道的我根本沒有錢給別人騙啊。」

「也是啦……」我媽想了一下，「那你還是學生到底能做什麼工作？沒有把戶頭借人，你也不能答應人家做什麼車手喔……」

「不是！我還是學生沒錯，但我找到的是正常的工作！」我盡量一字一句地，清楚告訴我媽：

「我找到一個月4萬元的工作，這薪水，還可以吧？」

豈止還可以。

我聽見我媽在電話那頭安靜了好長一段時間，這可是前所未見的。

「兒子啊，我誤會你了，」我媽好不容易擠出一句話，她長長地嘆了口氣，「我以為你是打電動打到現在還不睡，原來你是還沒睡醒，以為自己還在做夢啊？」

「媽！」

我媽始終無法相信這件事，一直到下一個月五號，我把存摺裡的4萬元入帳翻拍給我媽看，確認了上面真的有個正式的公司行號與匯入款項，我媽才真正願意相信這件事。

成為一個職業電競選手，這算是一個正常的工作嗎？我到現在還不敢確定，不過，至少是個正當的工作。就像許多人都靠著自己學生時期積累下來的好成績，順應機緣，贏得工作機會那樣，我也是。

只是我們選擇的積累不同，那麼結果自然也就，有點那麼不一樣。

攝影打工仔與世界第一電競戰隊之間的距離

到台北讀大學後，我延續了高中前讀書的策略，找到最有興趣也最適合我的科目去鑽研，在大學裡，這個科目就是攝影。

大一的時候，我也和大部分的人一樣，在未來的視野裡，並沒有「職業電競選手」這個選項，一方面是遊戲打得久了，在網路上也聽說過一些業界傳言，多少知道當時戰隊的薪水很低，甚至純粹靠著獎金過活。而我在以大眾傳播聞名的大學校園裡，當然對未來的想像也受到影響，加上自己個性比較急公好義，我其實認為新聞記者這份工作滿適合我的。

如果可以報導一些社會底層的事情，讓大家知道有哪些弱勢的存在；或者揭發一些不公不義的弊案，那樣的工作不是很棒嗎？

抱著這樣不知道該說是太傻太天真還是充滿理想的模糊期待，我在大二時決心把攝影學好，還特別去系辦問了相關的工讀機會。系辦助理聽說我是來應徵攝影工讀的，點點頭說：「好，那我給你小桃學長的聯絡方式，你跟他聯繫就可以了。」

「小桃……學長？桃子的桃嗎？」

「對啊，小桃學長也是我們學校出來的，我跟你說，我們這個業界就是要靠人脈！學長姊都在相關領域工作，就可以一個帶一個，讓大家都有機會找到適合自己的工作。」

喔，這樣啊。我似懂非懂地接下小桃學長的聯絡方式，主動打電話聯繫，找到了一個從我的住處得騎車騎上90分鐘才到得了的打工地點。還記得，當時騎車騎到手麻屁股痠的我，下車時差點走不了路，走進去的時候心裡還想著這樣的工作不能長久吧，怎麼可能每天騎那麼久的車來打工呢……

結果，一走進去，我就傻眼了。

那個場景，未免也太眼熟了吧？那不就是我超愛看的《跑跑卡丁車》轉播現場嗎！我雖然沒有玩，但我超愛看，那個現場我簡直熟到不能再熟，但在這種毫無準備的情況下走進去，我真的整個人呆住。

「欸，你好，你是那個學弟對吧？我是小桃，歡迎歡迎，那我們很快就要開始了，我先跟你介紹一下，那邊那台攝影機……」一位帥哥型男走過來，非常自然地跟我解說起工讀內容，我一邊努力調適又驚又喜的心情，一邊趕緊整理學長跟我解釋的工作內容。

天啊，這工作非我莫屬啊！就這樣，我成為了電競賽事轉播攝影師。

當時，《英雄聯盟》台版才剛上市，我發現這個遊戲比起之前玩《魔獸爭霸三》的「三國」、「信長」等地圖，少了很多外掛、跳 game 這些人為因素，也開始將課餘和打工後的遊戲重心放在這個遊戲上。而在轉播電競賽事的打工過程中，我也很喜歡觀察這些選手在攝影機關掉後的習慣與相處，而那時《英雄聯盟》的熱門程度，就是無論哪一個遊戲的電競選手，在轉播結束後都忍不住會聊起來的第一名話題，就是：「你的天梯爬到哪裡了？」

天梯是《英雄聯盟》裡我很喜歡的積分挑戰模式，一般玩家的積分大多會落在 1200 分上下，積分越高越厲害，代表在這個天梯上爬得越頂端。我記得，當時我在整理轉播後的器材時，聽到旁邊那些選手們在驚呼其中一位選手的積分居然已經達到 1600 分，我還覺得有點得意，因為當時的我，積分已經達到 1700 分以上。

其實也就是在那個時候，我才發現，原來我並不是只有在自己的同學朋友間「滿強的」，而是可以與這些電競選手抗衡了。但其實在當時，我的心中這些電競選手都是偶像般的存在，我可不會因為自己積分比較高就湊過去說什麼。心裡還是默默地覺得他們很厲害，然後默默工作這樣。

直到有一天，當時導播學長和整個電競轉播團隊被當時台灣競舞娛樂 Garena 挖角，同樣要做電競轉播，但實際上需要的人力不多。我也不知道為什麼，他當時在幾個攝影工讀生中，選擇帶我過去，而那時我們要負責轉播的，正是《英雄聯盟》的專業電競選手，也就是後來大家稱之為 TPA 的台北暗殺星 Taipei Assassins。

這些選手當然跟我並不是同一個檔次的，而是更資深更厲害的專業選手，他們大多是在《英雄聯盟》北美伺服器就在上面打出名號的超強玩家，我恐怕抬起頭也只能看得到他們下巴的那種。有趣的是，有一天，在選手們進場準備要開始轉播時，導播學長突然沒來由地，叫住了當時的選手之一 BeBe，指著遊戲畫面上好友列表其中一個名字說：

「欸 BeBe，你知道這個人 Derek 丁 eter 是誰嗎？」

「知道啊！我還滿常碰到他的，我記得他跟我打同一個位置，要嘛就是敵隊，要嘛同一隊的時候他就會 support 我！」

「喔喔你知道他啊？」學長勾起嘴角，抬起下巴指指我的方向。「那你知道這個 Derek 丁 eter 就是那個攝影師嗎？」

「蛤？！」BeBe 驚訝地跑過來盯著我看。「你是丁特？」

「我是啊。」

「你怎麼從來沒提過？」

「啊我就，不好意思裝熟嘛。」

其實，正因為我跟 BeBe 是打同一個位置的，所以在平時幫他們轉播時，我心裡都會累積很多問題想要問 BeBe，一場比賽打下來可能累積了七八個問題，但為了不要耽誤到選手的休息時間，我都會盡量減少濃縮到三四個，然後追著 BeBe 問：「為什麼你第一件裝出這個？」、「這個團戰你為什麼沒有第一時間出手？」

所以其實，我和 BeBe 也不是完全陌生，只是他沒將我現實中的身分和遊戲中的身分扣合起來而已。

而這也讓我深深感覺到，BeBe 是個非常親切善良的選手，他從來沒有因為我

AllLaneCarry
TEAM NAME
PLAYER ID
POSITION
DerekTeter
BOT AD
SOLO/DUO ELO
HIGHEST
2252
MOST PLAYED CHAMPIONS
Ezreal
Riven

只是一個不知道實力怎麼樣的工作人員，而冷淡對待我的問題，總是非常有熱忱地為我解說。在過了這麼多年之後回頭想起，依舊很感念當時他如此熱情且毫無保留地為我解答一切的疑問，在那個我懵懂無知且隨波逐流的年少歲月，注入一道溫暖的力量。

後來，當 TPA 開始要籌畫擴編的時候，BeBe 便趁著領隊到現場來的時候，向他介紹我：「你看你看，這個攝影師啊，他的積分已經到 2300 了喔！」當時台服的頂尖分數大約是 2500，我那時大約是在前三十名內。領隊非常驚訝，問了我在遊戲中的名字叫什麼之後，便邀請我有機會可以試訓一下。我那時雖然嘴上應好，但心裡是覺得不太可能的，只是覺得領隊在開我玩笑，鼓勵一下年輕人這樣。只有在一旁聽到的學長把它當成了一回事，之後三不五時就鼓勵我報名各種大大小小的英雄聯盟比賽，在他不斷的鼓勵下，我便開始邀請當時在遊戲裡也打得不錯的朋友們，組成一個隊伍參加選拔賽。

雖說只是隨意找些高端玩家湊合著報隊，但我們這個隊伍的成績其實也不賴，在當時打進了 S2 台灣區域代表預選賽的前四強，那次的大賽，台灣只有我們一隊業餘隊打進四強，而那一年我們分別敗給職業隊 TPA 和 Corsair（AHQ 的前身）無緣代表台灣參加世界賽，原以為這個夏天已經結束的我，TPA的領隊立刻跑到後台安慰因比賽失利非常失落的我，也正式的向我的隊伍發出試訓參觀戰隊基地的邀請，一起到 TPA 的宿舍與他們對戰，本來覺得要好好讀書打工的我，內心突然重燃希望與戰鬥的花火。

我們在比賽的隔天就迫不及待地到位於永吉路上的 TPA 戰隊基地，一踏進宿舍的那一刻我倒抽了一口氣，這是我此生見過最豪華的宅邸，沒有之一！大約 200 坪的舒適空間，兩層樓把訓練和睡覺的環境完整隔開，還有一張超大的長餐桌可以所有人一起用餐，我想光住在這裡就足夠讓人羨慕到死了，更何況是在這打我最愛的電動？那時候的我深深相信，這裡就是我夢想的起點，而且絕對不能是終點！

回想起那一天，雖然我們和 TPA 對練了幾場都輸了，不過能夠跟戰友一起和這麼強的對手訓練，真的是非常精采也痛快的一個下午，遊戲嘛，至少在那個時候，痛快還是比輸贏重要很多的。

後來，在幾天後我就收到領隊的通知，大約是那年的九月初，我真的成為基地的一分子，成為一個職業隊的練習生了，換句話說，就是電競隊裡的牛棚選手。

在成為練習生的那三～四個月中，其實也頗為辛苦的，因為當時公司為了破除社會大眾對電動的腐敗印象，極力要求選手學業也要兼顧，加上我也必須對花錢送我上大學念書的爸媽負責，所以只能堅持一邊讀書一邊訓練，為了兼顧兩者，我時常和領隊討論選課問題，比方說為了多一點完整時間練習，盡可能把多數的課都集中在同一天上，但因為老師們開課習慣不同，必修也常常落在不同的時段，所以其實滿困難的，總之，最後我盡可能排了一個會累死自己，但至少能讓我圓夢做牛棚電競選手的課表！常常早上8點上課上完就騎車衝回基地訓練，練到下午再回去修一堂必修課程，然後再訓練到半夜才睡覺，有時候睡前還得趕一下學校的分組報告，一天只睡3～5個小時是家常便飯，日復一日這樣循環，除了吃飯洗澡以外幾乎沒有屬於自己的時間

從小三到大三，我一直試圖在課業責任與我熱愛的電玩遊戲之間找出平衡點，我可以說是已經為這一天的到來，練習了很久。但真正到了這個時候才發現，要在課業和工作之間取得平衡，實在是太累太辛苦了，尤其大三的課還很多，必修也不少，我得好好完成每一個科目的出席、作業、報告和考試，還得保留心力

投入在賽事練習上。尤其我在遊戲上有著極高的好勝心，課業壓力耗掉了我那麼多時間與精神，每天的訓練時間可能只有別人練習時間的一半，而且還經常是累得要死，腦袋超載的狀況，可是我卻過得甘之如飴。

畢竟，那是一個實實在在的，朝著夢想前進的過程啊。那段瘋狂的時間，就算是現在回想起來，我還是有點佩服自己，當初到底怎麼熬過來的？但可以確定的是，那是一段無論何時想起來，都會忍不住傻笑的日子。

順道一提，就在我成為練習生的第二個月，那一年的十月，TPA 拿下了世界冠軍，那是當年轟動全台灣的大事。當時，正被課業與工作兩頭燒的我，還在台灣選手宿舍裡和大家一起為他們加油喝采，卻一點都不知道，這個全台灣為之沸騰的消息，會這麼深刻地影響到我的未來。

踏上前線，才知道敵人
不永遠在正前方

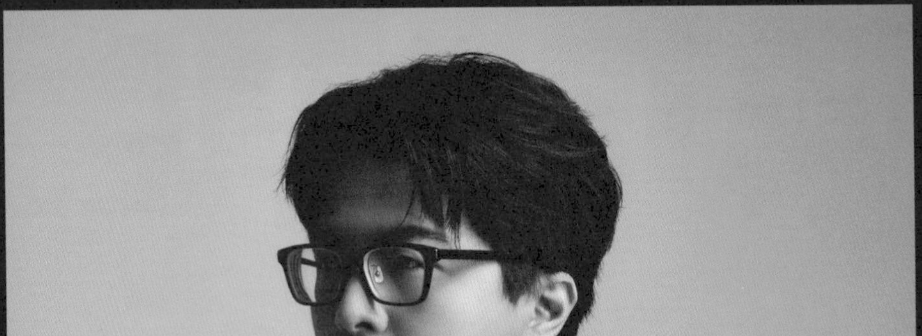

我的職業電競選手生涯開始了。

還在讀大學就能找到工作，這工作還是加入夢寐以求的電競隊伍，這是我想都不敢想的事，當然心裡也做好準備，要在牛棚選手這樣的位置鍛鍊一段時間再上場。

只是我沒有想到，TPA 奪下世界冠軍歸國後不久，隊長 MiSTakE 便因為與隊友不合而自請離隊。當時公司的做法是，由 MiSTakE 來指導帶領正要成立的二軍 TPS（台北狙擊者 Taipei Snipers），而原本該在 TPS 裡的我，則被調整了原本的安排，替補了離開的 MiSTakE，成為 TPA 的一員。

首次拿下世界冠軍的台灣電競隊伍，回國後隊長立刻降到二軍，原本該在二軍的「那個誰」接替了隊長在一軍的空缺——這種離譜的劇情，任誰都無法接受，每個熱愛《英雄聯盟》的玩家都在質問「那個誰」到底是什麼來頭？背景是多硬？

而我，就是，那個誰。

消息傳開後，不出所料地，網路上一片無法接受的謾罵與撻伐，各種離譜的傳言也甚囂塵上。十多年後的今天回頭看看，我真的還是寧可自己不是用這種方法被人看見，真的寧願自己就當個沒沒無名的二軍小卒。如果我的實力很差，那麼我活該在電競這一行裡出不了頭；如果我的實力夠好，我也沒有必要靠著踢走前輩空降冠軍隊伍這種方式打響名號。

壓力山大恐怕還不足以形容我當時的心情。

但我沒有選擇，MiSTakE 離開隊伍的心意已決，無論他是不是留在 TPS，空出一個位置的 TPA 都必須有人補上，我既已決定加入戰隊，還是個初出茅廬沒有任何實績的菜鳥，團隊希望你站在哪個位置，就該好好站在哪個位置，就算是從牛棚裡突然被抓出來站上先發，也都得概括承受，沒有拒絕的餘地。

我好像背負著某種原罪，職業生涯中一場比賽都還沒打，我的身上就已經貼滿無數罵名與標籤，甚至有人知道我以前是為戰隊做轉播的攝影師，還有人出言嘲諷：「那個丁特該不會是轉播時不小心拍到高層的裸照，所以逼高層要把他換到 TPA 去吧？」這種用某個無關事實來做出滑坡推測的諷刺類型，在網路上特別有感染力，很快地，大家都嘻嘻哈哈地這麼傳開來了。

不瞞大家說，我反倒覺得自己比較像是有裸照在別人手上當把柄，才必須要逼自己承受這些。在這樣的前提下，我的職業選手生涯在一開始心態就是崩的，這大概也不難想像。我告訴自己，我要證明自己有實力站在這個世界冠軍隊伍裡。開始比賽後，我力求表現，急著想證明自己的實力，刻意採取一些激進且新穎的打法，想讓大家耳目一新，結果卻一直弄巧成拙，反倒造成很多可以輕鬆幹掉敵軍的情形，卻因為我反常的判斷錯失良機，讓對方跑了，甚至被敵方找到反殺的機會。

這麼一來，討厭我的網友當然更討厭我了，而且之前沒有實例可以罵，現在抓到了機會，當然往死裡嘲諷。就這樣，形成了可怕的惡性循環，我越被罵越想證明自己，越想證明自己越表現不好，越表現不好就被罵得越兇。在大家的眼裡看來，我不僅沒有證明自己的實力，還證明了廣大網友的嘲諷是對的：丁特就是這麼爛，就是有這麼多低級失誤，就是連這麼簡單的敵人都打不倒，他就是有高層的裸照才能加入世界冠軍隊伍，他就是不配！

當時我的心情是很孤單的，因為我也沒辦法告訴隊友們，我渴望證明自己，所以才會做出激進且有風險的打法，而隊友們反倒看待這件事情都很淡定，因為我和他們一起練習、打訓練賽時的表現都相當穩健，他們也認為我有實力，只是上場時緊張造成失誤，他們覺得等到習慣在觀眾面前比賽的步調就沒問題了。

但是拆散世界冠軍隊伍的罪名，加上連連失誤，其實只讓我更焦慮。

罵聲越來越多，越來越響，點開論壇裡十篇有八篇在罵我，剩下兩篇則是暗酸，無論我再怎麼樣努力調整心態，一看到那些排山倒海的冷嘲熱諷，我就再也撐不住了——我開始懷疑，這就是我的夢想嗎？這就是我渴望的夢幻工作、世界舞台嗎？從小開始為了玩遊戲想盡辦法做的所有努力，現在看起來都有點好笑。

玩遊戲對我來說，還是一件令人快樂、想盡辦法都要做的事嗎？我難道是為了被罵成這樣，才那麼努力排除萬難只為了多玩一點遊戲嗎？

就在這時，德國的直播平台 AZUBU 找上 TPA 這個世界冠軍隊伍合作，我們這些選手開始需要每週花一定的時間在合作的平台上開直播和觀眾聊天，而當時的直播最有熱度的一個問題就是：「丁特那麼爛，為什麼還沒換掉他？」

這個問題會在幾乎每一場直播上出現，無論那個直播間裡是哪個選手，都少不了被問過這樣的問題，我想他們可能是試圖想要透過影響我的隊友來換掉我，因為我自己的直播間裡，雖然也遇過這樣踢館的類型，但相較於其他隊友的直播間，反倒溫馨許多，有很多平時淹沒在一片罵聲之中的觀眾與粉絲，都會在我的直播間裡陪伴我，他們讓我知道，還是有一小群人，從我還沒有加入世界冠軍隊伍之前就已經默默關心我、和我一起成長至今。

但也正是這種時候，我分外感受到隊友的力挺。尤其是 BeBe 和 Stanley，他們幾乎是第一時間就跳出來為我辯護，告訴粉絲在訓練賽時可以看得出我的實力，也拿當時《英雄聯盟》裡的天梯積分與排名來說服大家，希望大家再多給我一點時間與空間，讓我可以在比賽時展現出應有的實力。

我真的很感激他們，願意一再這樣逆風地為我辯護，雖然我手上並沒有他們的裸照。（喂！）

加入 TPA 後的賽事其實相當密集，短短二～三個月的時間，我們已經打了十幾二十場，當時《英雄聯盟》正熱，各國都開始推出戰隊，我們在東南亞超級聯賽 GPL 中與許多國家的新起之秀比賽，雖然有著世界冠軍隊伍的光環，但有些比賽的確也沒那麼容易拿下來，最後的成果雖然令人滿意，但我依然因為太急於求表現而出現許多失誤，這些失誤中，也有很多是我的隊友為我掩護，讓那些失誤看起來像是為團隊犧牲而不是純粹犯蠢。

就算很多網友在我失誤時放大檢視，並且在我做得還不錯時視而不見，甚至認為從前的隊長會做得更好，那些嘲諷也從來沒有改變我的隊友們對我的信任。

「你就放鬆一點，拿出平時的實力就好，拜託，台服排行前十名就有三個是你的帳號欸，這也能用裸照換的嗎？」

「我們知道你的能力啦，只是你自己要頂住壓力，不要被他們影響了！」

對外，他們拚命幫我解釋，對內，他們一如往常地和我一起訓練，等著我在賽場上發揮應有的戰力。在我最懷疑自己的時刻，是因為有這些隊友，不管在遊戲內或遊戲外都挺身而出carry我，才讓我在如此艱困的情境下撐了下來。

「謝啦，夥伴們。」這句話雖然晚了十年，但我依舊想對當時的他們說。

那一場我被放棄資格的世界大賽

在我加入約半年後，換 Stanley 跟 Toyz 離隊了。

只要有人離隊，就會需要有人遞補進來，並且視各選手對不同位置的掌握度來調整出隊時的位置。

在加入之前，我和 BeBe 原本就是打同一個 AD 位置的，只是在加入時，我遞補的是隊長 MisTake 的輔助位置，因此那原本就不是我最擅長的，但當然打得也還不差。在兩位隊友離隊、加入新戰友並重組之後，BeBe 遞補了 Stanley 離開後留下的上路位置，而我被調整到 BeBe 原先的位置擔任 AD，這也是我們團隊內部討論過後，最能發揮戰力的處理方式。

殊不知，網路上又掀起了一片罵浪，風向變成：「丁特又取代 BeBe 了！」「丁特把 BeBe 踢掉了！」「他果然有高層的裸照，不然怎麼能一直踢掉世界冠軍隊伍的成員！」

我又被罵爆了，這時忍不住會覺得，都被說成這樣了，我手上居然還是沒有高層的裸照，這會不會太虧了點？但這時，我已經能夠覺得這一切很好笑了。甚至，這可以算是我們這群隊友的其中一個聊起來就會爆笑的共同回憶。當然，我們明明知道事實不是大家說的那樣，也很清楚這樣的批評沒有道理，但當時或許是經歷過剛入隊時的攻擊洗禮，這次我懂得把距離拉遠一點再來看這件事：假設是我直接遞補了離開的 Stanley 那個上路位置，那恐怕又是「丁特把 Stanley 踢出隊伍了！」——這麼一想，我也就放棄解釋了。

此外，那一次的重組，新加入的隊友 Achie 遞補了 Toyz 的位置之後，也變成網友重砲轟炸的對象，我突然有種感覺：原來這就是加入世界冠軍隊伍的必經之路啊，有人離開就必須有人遞補，遞補上來的人，永遠都會是拆散世界冠軍隊伍的那個不仁不義不忠不孝的王八蛋，這就是大家心中的正義吧。

接下來幾個月，我們也不斷地測試著不同選手在不同位置的組合，而當原本冠軍隊伍中擔任打野位置的球球退役後，我們一直沒有找到合適的遞補人選，有一天，我突發奇想，自告奮勇試試看這個打野位置，同時也讓 BeBe 回歸他最擅長的 AD，領隊考量局勢之後，也同意試試看這樣的組合。

想不到，這樣的組合彷彿就讓整個隊伍脫胎換骨了似的！我們首先在台灣區

CHAMPION
Date: 06 April, 2014
VND 1,680,000,000
GPL 2014 SPRING SEASON FINALS CHAMPION

CHAMPION
LEAGUE OF LEGENDS
GARENA PREMIER LEAGUE
SPRING 2014

聯賽 LNL 打到了第一名，接著代表台灣去打東南亞超級聯賽 GPL，也在這個國際賽事舞台上，接連拿了兩次冠軍。

在打野位置代表台灣拿了兩次國際賽冠軍之後，我才終於終於，開始擺脫罵名，也才終於終於開始感覺到，網路上挺我的聲音，好像有比罵我的聲音大一點了。

在別人看起來，這可能就是撐一下子就過去的事，但對當時的我來說，我根本不知道要怎麼做或花多久時間才能抵達這個結果，不斷嘗試又不斷失敗，每次的失敗都加重了網路鄉民對我的

厭惡——我只能說，那個時間感真的是，漫長到我幾乎不知道會不會有盡頭。

但要到非常久以後我才知道，原來黑了雖然可能洗白，但白了也可以在短時間內迅速再黑。當時網友們笑稱我是忽黑忽白的「斑馬型選手」，我還覺得好笑，但後來才深刻地體會到，我豈止是斑馬型選手，我根本是斑馬型人生。

不過，那都是後話了。

當時拿下兩次 GPL 冠軍之後，我們隊伍被邀請去參加當時兩大全球電競賽事之一的季中邀請賽，那一年這場全球矚目的賽事在巴黎舉行，那是我第一次拿到踏上世界級電競舞台的門票，也可以說，那是包括我在內所有電競選手，甚至電玩愛好者的夢想。

我的電競之夢在這裡出現了一個很大的轉折，但很可惜地，不是把我送上國際舞臺的那種。

在拿下兩次 GPL 冠軍之後，公司決定要收編，把 TPA 和 TPS 兩隊濃縮成一隊。在此之前，我也不是沒有聽說過公司有這樣的計畫，但這樣的做法通常是留下在國際賽事上屢屢得勝的 TPA 全隊隊員，但我卻是 TPA 之中唯一「不能留下來」的那一個，留下來的是 TPS 的隊長 Winds，他當時是整個基地裡唯一一名《英雄聯盟》的韓服菁英，由他來帶領 TPA 也是再自然不過的事情。

隊伍要改組了，而我沒有得到留下來的機會，那麼，那個我期待已久的全球電競舞台——季中邀請賽，我還能去打嗎？

顯然，公司認為這個機會與其留給我圓夢，不如拿來讓 Winds 早點和其他隊員培養上場比賽的默契，但公司願意帶著我一起去巴黎，讓我在現場看著和我一起打下這場賽事資格的隊友，在沒有我的情況下，站上國際舞台。

我就這樣，成為一個尷尬的「隊伍第六人」。

雖然心裡知道，早點讓新的隊員組合磨合練習，是對大家都好的一件事，但說不心酸是騙人的，畢竟那個「對大家都好」的「大家」，並不包括我。然而我還是抱著渴望看到我奉獻過也熱愛著的隊伍能夠再摘星一次的心情，去了巴黎。

後來的結局，大家都知道了，TPA很快地被橫掃出局，在遭到淘汰後，我和TPA隊員們一起靜靜地走下那個舞台，但是每走一步，我的腿就變得更沉重，因為我知道，這個曾是我所有夢想匯聚之處的世界舞台，我很可能這輩子都再也沒機會走上來了。

回到休息室，開啟網路，熟悉的語言又在各大論壇裡炸了開來，照例是失敗後的轟炸檢討，「這次總與我無關了吧？」我一邊自嘲著，一邊心酸地寧願這一切還是和我有關，我暗自苦笑著。

「丁特一定在幸災樂禍說：還好不是我上。」在網路上看到這句留言時，我從台灣到巴黎，從台上到台下，從賽前到賽後的所有自我安慰、努力配合、自嘲與心酸，彷彿都成了笑話。

他們完全不懂，完全不懂，做為一名選手、一個隊友，哪怕是最後一名，我都想跟大家一起打到最後。

但我知道自己只是代理商旗下的一枚棋子，只能任人擺布沒有能力抵抗，面對自己打下的世界大賽資格被別人搶走也沒有任何的話語權，只能一直告訴自己，犧牲了這個權利，也許可以換來台灣在世界賽事發光發熱的機會，成全這樣的大局，比我個人的願望更重要，對嗎？不對啊……那可是我夢想的地方啊……可是我又能怎麼樣？這種時候我只能說，如果我真的有高層的裸照，我真的會拿出來換，這一生僅此一次的機會啊。

LEAGUE
LEGENDS

TAIWAN

DinTer
ALL-STAR
PARIS 2014
LEAGUE
LEGENDS

Second Chance

在遺憾中離開戰隊之後，公司一開始給我的後續安排，是接案類型的電競報導工作，但我自己對這樣的工作沒有太多嚮往，也覺得自己對電競的熱情應該有更適合的發揮之處，便也沒再繼續公司給我的安排，決定自己去闖闖看。

決定自己出來闖蕩後，我將當時手上存下來的薪水與獎金都拿去幫忙家裡還部分的貸款了，一身別無長物的同時，我考慮到已經有與德國娛樂平台合作過的直播經驗，便決定試試看以「直播」作為起點。在那個時候，直播不像後來這樣蓬勃發展，一切都只是開始，所有的人都在試水溫。我呢？其實也不清楚自己到底想從直播得到什麼，要說收入，在那時幾乎沒有人會期待從直播得到能維持生活的收入，只是我也覺得自己反正就是個物欲不高的阿宅，平時也不太出門，也不會特別想買什麼了不起的酷東西，所以錢對我而言，並不是考量的第一順位，因此我還是想要用直播來延續對電競的熱情，還想要和從前一樣，一邊玩遊戲，一邊和熟悉遊戲也熟悉我的觀眾們繼續互動。

初衷大概就這麼簡單，雖然真的是太簡單了一點。

靠著做直播時觀眾給我的每個月幾千元收入，我還是過得滿開心的，雖然心裡對於未來依然有點不確定，但就在這個時候，另一個機會找上我了。

「要不要來我這邊再試一次啊？」來自香港的香港電子競技 HKES 老闆鍾培生這麼問我。

「你確定嗎？」我真的很驚訝，但同時也不驚訝：我畢竟是個被放棄的選手，但在被放棄的這整個過程中，我試著為大局著想，不哭不鬧地和平離開，或許我們總叫他 Derek 的老闆鍾培生，除了我的電競實力外，也是看中了這一點。

Derek 並沒有因為當時的我是黯然離開 TPA、直播也賺沒幾毛錢而用很低的條件說服我，相反地，他給我的合約好得讓我驚訝，不僅是遠高於 TPA 的底薪，甚至還算上了我的直播產值。這裡我必須再次強調：在那個時候，個人直播是沒有產值可言的。一個月幾千元的觀眾 donate，恐怕也只養得起我這種不出門又沒有物欲的宅宅，但 Derek 當時便相當有遠見地看到了直播的遠景，加碼以相當優渥的金額來買下我的專屬直播權。

但，或許是因為太害怕從前那種被用完就扔到一邊的經驗，即使條件優渥，

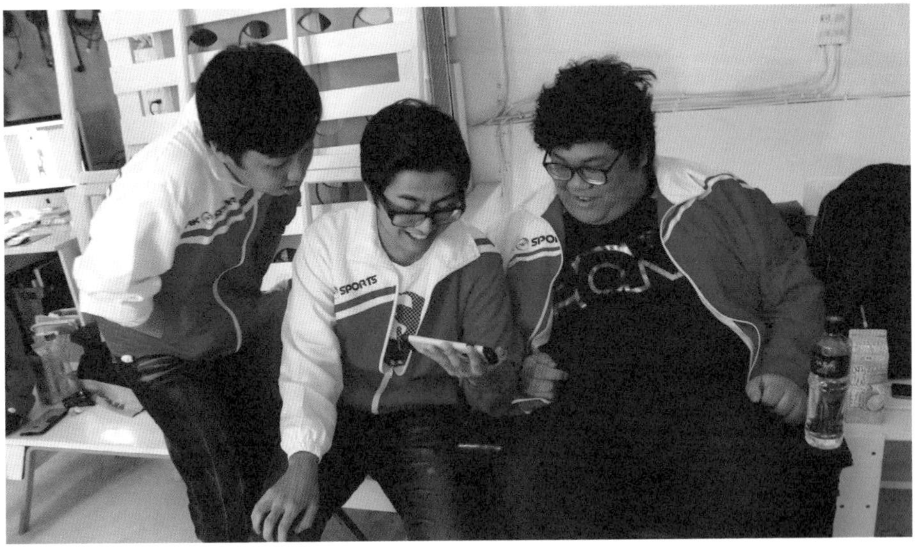
SPORTS

我還是希望至少保留「直播」這件事給自己，讓這件事成為我為自己保留的最後淨土與退路，讓我在任何情況下，都至少還能回到直播平台上，找到我最初玩遊戲的熱情；更不希望將來可能被要求每週必須開多少直播，壓縮到自己訓練的時間。

我就想要好好做好職業電競選手，然後在休賽期間，將直播當作我的娛樂而已。於是，我腦子一抽，問 Derek：「你能不能給我一個低價一點的合約？就是，不包括直播在內的那種，普通職業選手的價格就好。」

他露出一個「這種要求我一輩子沒見過」的表情，但還是答應了我。就這樣，我成為 HKES 的一員。

我們找了當時同樣被公司開除的兩位 TPS 隊員 GodJJ 和 Awei，組成一個戰隊。在一開始，大部分的人可能都不看好我們，畢竟在這個戰隊裡的成員，絕大多數都是「TPA 不要的」，雖然有人稱我們是「復仇者戰隊」，但無論是觀眾對我們的期待，或是我們一開始的表現，坦白說，就是平庸二字。

由於表現差強人意，Derek 便找了一位韓籍教練 Kingdom 來帶領我們訓練，這位教練最初是《星海爭霸》相當有名望的電競選手，在韓國擁有堪比國民英雄的高人氣。當時大家普遍訓練的強度都不高，加上多數戰隊擔心觸犯勞基法，大多的隊員都是8小時練完就準時下班，一些比較認真的隊友會繼續多練一點，可能會練到10個小時之類的，但 Kingdom 一來，就直接規定我們的上班時間是13個小時，大家當然都很傻眼，但教練非常嚴肅地告訴我們，他是看過韓國選手如何訓練的，如果想要站上國際舞台，贏得賽事，那麼乖乖地準時下班並不會帶來任何成長，一天13個小時的訓練日程，其實也只是基本而已。教練還舉了韓國的電競天才的訓練強度為例，然後問我們，如果天才連練習都比我們更勤勞，如果我們不是天才又準時下班，我們要拿什麼和人家競爭呢？

就在這樣的壓力強度下，我們拚命訓練，但這樣的沒日沒夜，也讓當時我們的一個夥伴因為沒有時間和女友相處而決定離隊，夥伴離隊的時機點，距離台港澳 LMS 聯賽開賽只有一週，教練很沉重地跟我們分析，在韓國想找一個適合的隊友來遞補，至少需要三個月的時間，就算再怎麼匆促也要花上一個月，這樣根本不可能趕得及這次的賽季，他勸我們先放棄這一次，好好找隊友，好好訓練，下一個賽季再來。

下一個賽季？我們聽完後，面面相覷地彼此對望了幾眼。

我們都是從 TPA 和 TPS 離開的人，在電競選手圈中，年紀也不算小了。坦白說，放棄了這一個賽季，我們還能有幾個賽季呢？更何況，這一次的訓練強度這麼高，我們也自認調整到最好的狀態了，這些日子以來沒日沒夜地拚命，難道就要這麼認賠殺出了嗎？

我們不想放棄。

或許也是被我們這樣寧死不退的決心所感動，教練和我們談過之後，也說，他不會放棄，會努力在最後關頭前找到能和我們一起上場戰鬥的隊友。

或許是老天也很同情我們這幾個被遺棄後又想重新奮起的老選手吧，就在這番談話的隔天，我們找到了一位當時身在巴西的韓籍選手 Olleh，老闆 Derek 也很支持我們，用重金把他從太平洋的另一端請過來，一起上場戰鬥。

Olleh 完全不會中文，我們也幾乎不會韓文，所以一開始在戰場的即時溝通上很常出現失誤，語言障礙讓我們沒有辦法立刻精準傳達彼此的意圖，最後落得兵敗如山倒。

但我們沒有人想過放棄，為了強化彼此的溝通，大家都非常努力練習英文聽說能力，我甚至在10幾個小時的訓練過後，還拚命看《監獄風雲》影集的雙語字幕訓練英文能力，每一集40分鐘，我都花上3～4個小時來看，就為了將每一句話都好好學起來。

很快地，我們的戰績和我們的溝通流暢度一起水漲船高，在夏季賽裡頭，我們一路高歌猛進，神擋殺神佛擋殺佛，就在我們挾著一股問鼎冠軍的氣勢前來時，隊上的一名戰友突然遭到官方的禁賽。

這名選手叫做 Raison，在賽季中途被 Olleh 找來補強的選手，年紀輕輕但技術非常穩健成熟，因為他曾經在韓國做過一些違規的遊戲行徑被檢舉導致禁賽，這對我們來說簡直就是天打雷劈，夏天已經快結束了啊，世界賽的資格就在眼前，少了一個強力的隊友到底怎麼打下去？此時的隊長 Toyz 開著直播瘋狂砲轟但仍舊無濟於事，於是抱著這樣一個缺憾，我們在夏季季後賽和區域資格賽之中，都僅僅拿下第二名的成績，只要有一次拿下冠軍，就能出國，但我就這樣與夢寐以求的世界賽擦肩而過兩次，但這個夏天，對一個被 TPA 遺棄的我來說，已經算得上是一個奇蹟了，一生都抱著這個缺憾的奇蹟。

對於這樣的賽果，大家都非常失落，粉絲們的安慰鼓勵也如雪片般飛來，但對我來說，這也不算什麼，只要我們繼續保持這樣的熱情，下一年 Raison 結束禁賽後，無論前面擋著什麼隊伍，我們都能贏下，而當時的我不知道的是，這個隊伍已經沒有下一年了。

休賽季期間，隊長 Toyz 為了跳脫與公司長達十年的合約，將教練對於賽場上的抓放戰術扭曲成打假賽，藉此威脅老闆與之解約，導致隊長被公司無限期下放冷凍。於是，在失去一名重要的 Raison 後，我們也失去了隊上重要的成員 Toyz，我們又必須再找新隊友來遞補他場上的位置，但經歷過這一陣鬧騰，我也已心灰意冷無心再戰，這時，公司突然詢問我要不要暫時離開選手的崗位，與公司另外簽下當年沒有簽的直播合約，專職經營直播，除了可以開拓一下直播的工商市場，也能作為公司形象大使的身分好好宣傳？而我便也順水推舟地決定暫時離開選手的位置，為公司為粉絲也為自己好好經營一下直播。

就在我專心經營直播的這一年，成績斐然，卻也鬧出了不少風波，其中最廣為人知的就是某天半夜跟隊友一起訓練時太激動狂飆髒話，韓語、英語、閩南語、粵語四國髒話交錯連發，不久後就被山腳下的伯伯開車帶著警察衝進訓練室教訓我們（當時我們住在山上），被笑了好幾年。現在回想起來，那個伯伯不知道是

有順風耳？還是家裡小孩在看我直播？衝進宿舍基地在我身後一頓狂罵，連我剛剛罵的四國髒話都能如數家珍一般對著我重新複誦，最後我們全隊安安靜靜的聽伯伯訓話半小時之後，才結束了這一場鬧劇。

那些日子的我們比賽成績雖然不如預期，但反而是我選手生涯中過得最快樂的一年，在沒有訓練壓力的情況下，我反而找回了我快樂打遊戲的初衷，我永遠記得當時的隊友 Olleh 對我說了一句話，他說：「打職業就是為了 Money 和 Memory。」是啊，那一年的我們雖然沒出半點成績，沒賺到任何的獎金，但我們真的從訓練之中得到好多單純的快樂。

沙場老將的掙扎

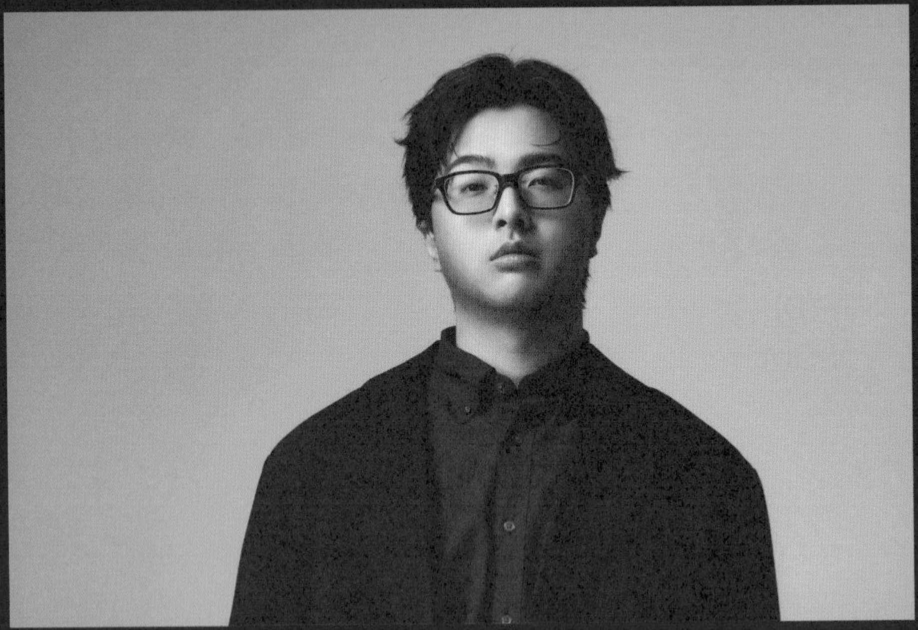

在離開賽場名單，退到幕後經營直播的這一年內，很多網友都不斷央求希望我能回到賽場上，在新的一個賽季開始前，公司似乎也聽到了粉絲們的呼喊，便與我簽了一張新約，希望我回到戰隊名單裡頭並且以隊長的身分帶領隊伍出戰夏季賽事。那年老闆 Derek 不但招募了全聯賽中最多的選手，還不惜砸下重本，找來了當時非常有名的世界亞軍 Tabe 作為我們的教練帶隊，希望能再打出 HKES 第一年的風采！

於是，我又回到選手的位置上，像從前一樣，投入沒日沒夜的訓練，但當時教練上任的時間非常匆忙，只有一～兩週的時間可以整隊，加上教練與公司沒有達成共識，並未將我放在隊長的位置上以我為核心重建隊伍，而是把分別來自職業隊、二隊與青訓隊當中的二、三十個選手打散，重新設立一個標準去挑選他認為適合的七人名單，最後我雖然入選了，但卻是替補的位置。雖然並未依照原來的計畫走，但其實我原本還算是能夠接受這個結果，也相信只是因為時間太匆促，教練沒有辦法仔細地看見每一個人的水平，相信很快就能用實力證明自己，教練讓我回到先發陣容中，然而這樣的信念只維持了幾秒鐘，因為宣布先發陣容之後，教練馬上詢問有沒有人不接受這個安排，不想打的請舉手，此時隊上和我最好的朋友 Gear 舉了，Gear 從入隊以來就一直是和我最親近的朋友，無論是訓練還是放假我們老是兜在一塊，既然這跟我最好的小老弟都舉了，那麼我留著跟別人配合還有什麼意義？於是我也跟著舉起了右手，親手把自己的電競人生結束在那一刻。

做了這個決定的一瞬間，我感受到前所未有的輕盈。從一開始被指責為拆散世界冠軍隊伍的戰犯而痛苦萬分，拚命追求表現卻頻頻失誤，還有戰友兄弟們的支持與相挺，螢幕後方所有的謾罵嘲諷與熱情加油，隊友一再更換的心累，為了追求更好的成績而心甘情願付出的所有努力，甚至被我曾奉獻效力的隊伍拒於門外的酸澀苦悶……那些酸甜苦辣與沉重的包袱，在那瞬間昇華成絕無僅有的燦爛煙火。在漆黑的夜空中瘋狂綻放、恣意迸射，發出最明亮的光、最奔放的色彩與最熱烈的聲音之後，歸於平淡。

在這樣的煙火狂歡之中，我會頭也不回地往前走。

接下來，是我自己的人生了。

HK SPORTS

設定人生快捷鍵

Ctrl+ 合作溝通

說起怎麼成為電競選手的過程，有的人覺得是傳奇，有的人覺得是運氣，有的人說不定到現在還相信我是靠著握有高層裸照而從攝影師成為選手的。也有很多人想知道，那麼多愛打電動的人，卻只有非常少數的人能夠成為選手，職業與業餘之間的界線在哪裡？要怎麼樣知道自己適不適合成為電競選手。

我認為，每件事之所以會水到渠成，都有一定的運氣成分，但在此之外，還是有一些標準可以評估自己適不適合這條路的。

首先就是，你真的得打得很好。這聽起來可能是廢話，但我可以提供一個參考的標準：當你還不是職業選手時，就能打得和職業選手一樣好，至少是可以一起較量的程度。就好像我還在讀高中時，每週只有一～兩次的時間可以玩《魔獸爭霸三》的「三國」與「信長」地圖，但因為我不在電腦前的時間，都在腦中模擬戰略、計算怎麼打才能做出輸出高傷害，這就讓我能夠在很少玩遊戲的情況下，依然進步神速，同時也能像個正常的孩子一樣待在學校的課堂上學習。

如果在兼顧課業或正業之餘，還能打得好，有漂亮的排名與一定的水準，那才表示這確實是天賦所在，同時也證明了你擁有一定程度的熱情去支撐才能做到；如果是砸下所有時間與資源去玩，還玩得普普通通，甚至不如人，那說明這件事對你而言，絕對只能當成興趣。

此外，打得好是一回事，人品也不能太差。我記得當時在成為練習生之前，戰隊領隊找我和當時一起組隊的幾個隊友參加試訓，後來不知怎的，就只有我一個人被選上，試訓的過程其實很短，只有一天，後來我回頭看這段過程，其實也感覺到這不只是在看能力，不只是在看這一天裡打得好不好，更重要的可能是在團隊合作中，你展現出來的態度、性格與溝通方式。

我們經常忘記，電競選手要參與的是一個團隊競賽，不是單打獨鬥的，在這個團隊競賽中，如果脾氣太差、過度剛愎自用，甚至無法溝通，這樣的人就算實力再好，也很難被戰隊所用。一個人的實力可能在試訓之前就能從很多地方看出端倪，但在戰鬥時，一個選手如何與團隊合作，如何策畫把自己和隊友都擺在最好的位置並發揮實力，或者在遭遇狀況的時候怎麼樣補救，怎麼樣挽回頹勢，而不是一股腦地責怪別人撇清責任，我認為都是非常重要的事，這也是我在戰隊效力的那幾年之中體會到的。

Ctrl+ 抗壓

如今回頭看這段戰隊裡的歷練，我想我最希望改變的，還是最初加入 TPA 戰隊，被眾人攻擊時的抗壓性了。

至今我仍然覺得，那個時期的自己無論如何不應該遭受那種程度的砲火，但我也不是不能明白，台灣第一次有電競世界賽事冠軍隊伍時，大家會對這件事抱持著多麼瘋狂的擁戴，這時任何一個人離開、任何一個人加入，都會面臨同樣的事。只是，我正好就是那個人。

但無論如何，保持自己的最佳狀態，才是我該做的，那也是當時的砲火震天之中，我唯一能夠掌控的事。很可惜地，那時的我太年輕，第一次的成名便是以這種狼狽的姿態，對於真心想好好玩遊戲、在電競領域裡打下一點成績的我來說，這麼多的酸言酸語冷嘲熱諷，實在太難忍受了，所以我想盡辦法在比賽時花式炫技，卻反而造成表現不夠穩定，招來更多謾罵嘲笑的後果。如今想想，我很清楚自己是靠實力得到這個機會的，那麼為什麼我反倒讓受傷的自尊心成為弱點呢？其實我應該有更簡單也更成熟的方式去面對那些攻擊，不為別的，只因為那個關卡真正的魔王是我自己，不是任何一個網路上向我開嘲諷的人。

而直到現在，那依然是我有機會最想重破一次的關卡。

Ctrl+ 分享的樂趣

在成為電競選手的五年間，我曾在直播從未有人相信可以賺到錢的時候，自己玩起直播來，也曾在不同公司協助直播宣傳，最後在退役之後，才真正成為一個主力在直播上的實況主。

我知道，現在有很多年輕人的志願早已不是職業選手，而是成為實況主。畢竟成為選手的門檻太高了，但靠著直播，只要夠會嘴，好像就能大紅大紫。這個想法，說對也對，說不對也不對。實況主確實並不特別依賴打得有多好的遊戲技巧，但似乎又有太多人將自己「很會嘴」的能力想像得太厲害，事實上，以為自己很會嘴的人，恐怕和以為自己很會玩的人一樣多，而既然很會玩的人之中，電競選手就只有那幾個，那麼很會嘴的人之中，能夠成為知名實況主並以此維生的人，比例也是很懸殊的。

直播這件事，最核心的概念是「與別人分享自己真心喜歡的樂趣所在」，只有在這個前提下還能賺到錢，那才是真正適合這個行業，如果反過來，是為了賺錢拚命找話題，使用粗暴的語言或者偏激的行為來博取關注，那不僅失去直播原來的意義，也不可能長久，我建議想朝這塊發展的朋友先把直播當作娛樂，就是用平常休閒時間，開開直播，和朋友同樂，那如果你身邊的朋友都很喜歡看，甚至開始吸引一些路人加入，那才有往下一步走的可能，這件事的樂趣必須維持住，那才有繼續經營的意義。

我認為，就和玩遊戲時必須是「自己喜歡玩遊戲」為優先，並且在能夠維持本業的業餘狀態下也玩得好，才可能進階成為電競選手一樣；做直播，一開始也不能以錢為考量，而是能夠玩得夠開心，不僅娛樂自己，也娛樂別人，在愉快且不靠直播賺錢的前提下做直播，還能做得好，那才算是有本事，也才可能靠著直播賺到錢。

我認為這之中的道理是類似的：遊戲與直播的本質是娛樂，本來就不是正職，在那麼多喜歡這項娛樂的人之中，可以在業餘的情況下玩到一個境界，那才可能有機會在這樣的產業中獲得成就。如果是為了紅而想盡辦法走偏鋒、爭取一時的流量，那其實只代表這個人沒有足夠的才華與內容去吸引觀眾，只能靠「誰來做都能博得一時眼球」的激烈方式而已。對於這些人，我的良心建議是：早點認清情況，趕緊轉行吧，你會發現，不靠直播帶來的金錢維生時，直播對你和對你的觀眾來說，都會更有趣。

Ctrl+ 金錢態度

加入 HKES 之前，因鍾培生老闆對直播產業的眼界，他曾提出一個條件非常好的合約，要我成為戰隊一員的同時也為戰隊經營直播，當時我雖然很感激這樣的厚愛，但還是覺得想要把直播這件事留給自己。畢竟，在剛離開 TPA，還不知道該何去何從的時候，我就是靠著直播度過那一段日子。即使那時直播每個月收入不過數千元，但我確實從中找到樂趣與看見自己的價值，那個樂趣，是我留給自己的後路，正是因為這樣一個莫忘初衷的念頭，反倒讓我在之後直播產業的發展通行無礙。

後來，隊上確實也有接受那份合約的隊友，因為直播收益和公司鬧翻。我自己在那些紛爭之後，並未因為直播收益好、自己也沒有直播合約在身，而去發展自己的直播事業，反而接受了公司的提議，新簽一份包含直播的合約，為公司帶來直播收益。

在直播收益尚且低迷、前景不明朗的時候，我拒絕了比當時條件更好的合約；在直播收益開始起飛，甚至有隊友為此和公司鬧翻之後，我反倒接受了合約，為公司經營直播品牌——這種操作，怎麼想都有點愚蠢，只是因為我衡量這些事情的準則，從來都不是因為錢。

我並不是說，做任何事情都不要談錢，那太不現實了。而是我相信，在手頭金錢無虞的情況下，我們應該要適時放手，不以金錢考量為優先，而是有夠用的穩定收入之外，給自己更多空間去「玩」直播，放手玩得開心，螢幕前的觀眾也會感受得到，他們會更喜歡有這個直播主在的直播氣氛，當然也會更樂於提供回饋。

錢不夠用的話，別管直播了，先去賺錢吧；錢還夠用的話，先別考慮賺錢，好好玩個開心吧！

Part 03

策略佈局

現實版經營戰略遊戲

離開戰隊，不再是電競選手之後，我反而開啟了人生的另一個關卡。

從前身為選手，我的主戰場比較單純，就是專心在電競賽事上獲勝，比較單純的意思是戰場只有一個，並不是比較簡單的意思，但退役之後，我突然發現，做為一個人，要面對的戰場非常複雜，甚至經常互相關聯、彼此牽制，稍微疏忽了其中一個環節，可能帶來的就是連鎖的效應。

這時候，我就覺得遊戲帶給我的好處實在太大了。

我想起高中時沒什麼時間玩遊戲，開始迷上《魔獸》的「三國」地圖後，我上課突然間不睡覺了，每堂課我都醒著，非常專心，但不是專心上課，我會全神貫注地思考，遊戲裡面的人物，要怎麼接招，技能順序要怎麼放……我猜當時的老師大概都很驚訝，畢竟那個認真思考的樣子看起來很像非常投入課堂，和我之前上課通常會睡掉大半堂的情況，完全不一樣。

但其實我腦子裡全在想遊戲。我會在腦中模擬遊戲的戰鬥過程，然後，為了優化那個戰鬥過程，我會開始認真計算，在遊戲內買某件裝備的 CP 值是多少，是不是有比其他裝備更適合這個角色，連帶著也去計算各種出裝順序，好比說，如果先出A再出B，和先出A再出C相比，這兩者的裝備爆發力，差異大概是多少，接著還會去計算各種階段的裝備應該搭配什麼技能，這樣我可以秒殺多少血量的敵人……等等，在老師眼中，我抬起頭看著黑板時，在腦子裡沙盤推演遊戲的過程的樣子，大概真的很像認真思考，更別說當我低頭專心在課本上計算裝備爆發力時，那副振筆疾書的樣子，可能完全是個優等生的標準了。

很多人可能會覺得，那時算得那麼認真有什麼意思呢？畢竟我後來就不玩那個遊戲了，即使成為了電競選手，也不是在這個遊戲上發揮，那麼那些時間不是都浪費掉了嗎？那算什麼思考呢？

實際上，這就是遊戲帶給我的好處：我在人生主戰場只有讀書考試的時候，就藉由遊戲內容，懂得了比較複雜的戰術推演，懂得如何推估不同選擇帶來的價值與累積力度，而這個技能，在我的人生中帶來很大的幫助。

在金錢的運用與分配上，甚至是在投資理財、經營戰隊的時刻，有時候遇到了重要或困難的決定，我在心裡評估的時候，我總是想起那些年在課堂上專心思考遊戲戰略的我。

其實那完全是一樣的。

想通這件事之後，會發現玩遊戲這件事，真的沒有老師和父母們想像的那麼百害無一利。

退役不退休的實況主人生

退役後選擇自己經營直播，很多人都會問我，和之前當電競選手時比起來差別是什麼。

坦白說，相較於當選手時每天十幾個小時的高強度訓練，做直播主的隨心所欲和收入，和從前比起來真的輕鬆多了。但我自己非常非常清楚，那是因為我有過選手訓練的那段時期，強化了自己的遊戲技巧，也在那段時間的直播中理解了許多與觀眾互動的眉角，甚至用那段時間累積起足夠的知名度，這才讓我退役後的直播生活變得更得心應手。

每個人都只有一輩子，每一天都只有24小時，我在這輩子的前二十年所選擇的生活方式，累積出了現在的我，這並不是偶然，也很難複製在其他人身上，甚至，同樣是電競選手出身的直播主就不只我一個，我們在不同情境下做的選擇和考慮的方向，也會影響我們在大眾眼裡的樣子。

說這麼多，是希望我對電競選手與實況主的生活描述，不至於讓太多人當成人生範本，畢竟我也沒有辦法拿別人的人生當成自己的範本。

對我來說，成為一個實況主之後，自我能夠掌握的事情比擔任選手時多了許多，這一方面是因為當選手時畢竟是領薪階級，一方面也是當時處在一個團隊裡，必須為隊友甚至主管、老闆、公司考慮到的層面都很多，而直播就是一件自己承擔所有得失對錯的事情，我只要控制好自己，並調整心態，大多數問題都是可以處理的。

我想，以我的人格特質和條件來說，相較於選手，我可能更適合當實況主。

大部分的人在螢幕前看到我，可能就是非常誇張，說話很大聲，好像天不怕地不怕，這一方面當然也是我本人的性格，但另一方面也是因為大家喜歡看到這樣的我，容易引起觀眾共鳴，實際上，在螢幕之後的所有決策，比起當選手的時期都必須更內斂，尤其是在面對公眾的時候，有些公關事件、重要議題，都必須更謹慎處理，但也會有更多狀況是實況主自己一個人無法立即獲得全面消息或妥善處置的，這種時候，就要懂得如何收、如何藏、如何自己吸收情緒。

做實況主，有一件事很重要，但也特別難，就是絕對不能被金錢和聲勢迷惑。永遠都應該是將自己做好，然後這樣的自己受到了歡迎之後，可能連帶地會有名利的收穫，而不是為了出名或得利而去迎合別人想像中的自己。

這樣的體悟，當然也是來自我的經驗。

剛退役開始直播的初期，我和當時一起離開的隊友，在台北市找了個地方，當作實況屋，一起住也一起開直播做實況，當時大部分時候其實都滿開心的，畢竟剛脫離了每天操得半死的選手訓練，也能繼續玩喜歡的遊戲來和大家交流分享，但是隨即就會發現，再好的朋友也可能有意見不合的時候，我們在當選手時那麼高壓的環境下都還能當好朋友，可是反倒在直播的時候，可能因為一些很瑣碎的狀況，我們就吵架了。

在直播的時候吵架其實是很不智的，我後來其實也學到了這件事。因為不管是哪一方，在鏡頭前可能都有包袱，平常很能理解包容的人，在大家都看著的時候，也不一定能夠立刻反省到自己的問題在哪裡，更別說修改做法或直接道歉了。

後來那些爭吵當然都解決了，只是最終我們彼此都有不同的人生規劃，我開始覺得需要自己的房子，就在林口置產了，搬過來之後，面對的問題可能就是另一個境界了。

人家說，買房子其實也是買鄰居，這句話在我的直播被鄰居瘋狂檢舉的時刻，總算親自體驗到了。

一開始，是晚上8、9點直播的時候，對方會來按我的門鈴，一開門就是態度很差地劈頭罵我晚上可不可以不要一直吵，我的確有點莫名其妙，畢竟那個時間，一般人不會覺得是需要多小心音量的時段。後來鄰居還在社區群組裡用影射的方式開嘲諷，說「我們社區最近搬來一個整天靠大吼大叫賺錢的網紅」，後來我在社區群組回應了這件事，吵到對方自動退群——現在想起來還是覺得滿荒謬的，這根本就是青少年在吵架嘛。

接著，鄰居開始找警察，向警察檢舉，而我除了必須不斷對上門的警察解釋狀況之外，也嘗試著改變自己直播的時間及音量，但無奈鄰居的報警電話還是少不了，最後迫不得已只能請教好的隔音廠商，想知道還有什麼可以加強的，他們都說需要鄰居錄下我的噪音干擾到他們的錄音檔案，才能進一步釐清聲源，才能做進一步的設備規劃，但鄰居卻又拿不出音檔，於是我只能和隔音廠商一起瞎子摸象，亂槍打鳥，花了20萬去把有管道連通的浴室裝上隔音門，甚至在原本就帶有隔音效果的整面氣密窗上，額外加裝電影院用的那種隔音用的黑色絨布窗簾，但即使如此，對方還是一直抱怨、一直檢舉，實在是不堪其擾，花錢受罪。

而做為一個實況主，不管是鄰居來敲門、警察來臨檢，這些事情都會透過鏡頭與麥克風，即時被廣大的粉絲知道，許多朋友就這樣陪著無奈的我經歷一次又一次的事件，但無論我在直播時怎麼笑看這件事，鏡頭關掉之後，我依然將我該做的、能做的都盡可能做得到位，這或許也是大家看到的我總是非常嗆辣的緣故——因為我可不是那種什麼都不做、只會大聲反嗆的那種人，我在鏡頭後做的所有準備，才是我能夠理直氣壯的底氣。

首次施展金錢召喚術

還是選手的時候，我對金錢沒什麼概念，加上我本人的物欲非常低，大部分時間也都投入到訓練與比賽中了，不太可能將心思花在投資理財上，所以在幫忙繳家裡的房貸之餘，那些錢幾乎就是按照他們進入我戶頭時的樣子，留在我的戶頭中，直到退役。

剛好在決定退役時，從身旁的朋友那邊聽到一些風聲，說再過一陣子就要開始限制美元保單，因此很多朋友都趕在那之前想要多買一些，我有點好奇，便也去了解了一下，發現那樣的利率還不差，在複利的模式下至少能對抗通膨，所以將手頭上的幾百萬元存款，大部分都用來買美元保單了。

雖然如此，一直到這個時候，我都還算是理財小白，只是用一個「聽說」比較優惠的方式來存款。後來開始全職做直播後，承蒙大家的支持，也賺到了一些可以買房的錢，不過，現在想起來還是滿好笑的是，一直到了決定買房時，我還天真地以為現金付清、不要有欠債是最好的買房方式，當然這種完全沒有概念的做法，引來了朋友圈瘋狂的砲火：

「你還好嗎？都什麼時代了，還有你這種現金買房的人？是戶頭裡錢太多還是腦子裡水太多？」

「欸拜託，我拜託你去貸款，你貸款下來那些錢借我，我幫你付利息！」

被身旁朋友們狠狠地罵過一輪之後，我才開始有點心虛地覺得：好吧，總不能永遠當理財小白吧，我應該來研究一下這件事。

剛開始研究時，難免因為懂得太少，因此理財上相對保守，對高風險高報酬這類型的投資方式，接受度比較低，所以一開始找到的投資標的大部分是台灣的 ETF 和金融股，這些也是多數對股市稍微有研究的人都能接受的選擇。

沒意外的話，光是台股 ETF 這樣的投資報酬率，就可以賺回房貸的利息了，但就在我抱持著當年腦內模擬「三國」地圖時的精神投入研究之後，發現以我的稅率，這樣的股利很可能會有一大半都被扣稅扣掉了，所以開始轉向研究起美股這樣的海外收入，越鑽越深之後才發現：哇，美股的 ETF 真的好強喔，不僅手續費比台股還要低，市場也比較大，感覺可以探索的東西更多——沒錯，這時我已經不是用一種單純想賺錢的角度在研究了，而是一種發現新遊戲可以鑽研的心情，這時我才明白，原來股市就是大人的遊戲。

興致勃勃地研究下去，我就從美股的 ETF，研究到那些 ETF 中我比較了解也比較有興趣的科技股，比方說 Google、FB 所屬的 Metaverse，或者特斯拉……等等，也試著自己買看看，這些科技股也沒讓人失望，很快地就讓我有獲利進帳。

結果，天有不測風雲大概就是這個意思：當我開始覺得自己的投資策略還滿不錯的時候，我這個超級小白便猝不及防地遇上了大魔王——沒錯，2020 年，新冠大魔王降臨！那時因為武漢肺炎疫情爆發，全面崩盤的股市中，剛好也有我自認穩健操盤的一份！

我從來沒想過我也會變成股市受災戶！畢竟我對投資理財一點研究也沒有，也從來不覺得想要研究，甚至這次還可以算得上是「被逼著去研究」的！

2020 年農曆年後，我和全世界的股民一樣，眼睜睜看著自己的錢消失在虛無飄渺的股市裡，心裡一片茫然，不禁回想到底這一切都是怎麼發生的——一開始，我不過就只是想買個房子嗎？明明手上的錢可以付現購屋，也打算這麼做，卻在朋友們的極力勸退下，開始尋找「能夠賺回房貸利息」的投資方式，然後一路從國內的台股 ETF，研究到美股 ETF，接著模仿了 ETF 主要投資標的，跟著買了科技龍頭股……本來幻想中，每年應該會有百分之十到二十獲利的美好遠景，結果過個年，我的幾百萬元就這麼噴了百分之三十。

在那個當下，錢財豈只是身外之物，根本就像是放個屁一樣，啪，沒了。

不，放個屁還會聞到臭味、聽到聲音。但股市雪崩的時候，除了自己的哀號，那些錢消失的瞬間，連噗一聲都不會留下來。

這時候，我才算是開始真正地研究股票。因為嚴重的損失，我至少必須搞清楚接下來是不是應該先止血，這時研究的心情，可能更甚於國高中時研究遊戲打法的專注了，畢竟那是活生生血淋淋的損失，比起單純的沙盤推演，當時的我，可能更像是一邊按著身上正在噴血的彈孔，一邊攤開地圖，在角落裡思考要怎麼在這個硬仗中全身而退。

研究出來的結果，說實在也相當冒險：繼續買，以現金攤平成本。

這並不是隨便推算的結果，而是我冷靜下來後，發現當初買這些股票的理由，都還存在著，如今的崩盤只是因為大環境異變下的人心騷動，但這些公司的優勢都絲毫沒有改變。

就這樣，我咬著牙，拿出錢來貫徹自己的信念：繼續買，而且越跌越買。

這段期間其實是很考驗信念的，因為即使我相信這些公司的優勢，但並不知道止跌回升的時機點在哪裡，因此在第一波跌了百分之三十之後，我繼續投入的資金，又面對了一次更深的谷底，那時我記得美股已經跌破了百分之五十，其中我買的這些科技類股尤其跌得慘，而我甚至在接近低點的時候，將我手上能動用的資本全給扔進去了。

現在想想，那恐怕是我人生中最像賭徒的時候。

後來大家都知道了，2020 年底，股市反彈，我在這段期間咬牙投入的資金全部都有了回報，之前跌的百分之五十漲回來之後，我的獲利也達到了五百萬。

這是一個峰迴路轉到有點離譜的故事：一個理財小白，為了買房子被朋友罵之後，去買了股票，然後遇到了武漢肺炎的雪崩災情與之後的回彈，導致帳戶裡多了 500 萬。只是為了買個房子，帶來了這麼難以想像的結果，而我，則讓這個難以想像的結果，又變成了另一個難以想像的開端。

沒錯，當時的我不知道腦子裡哪根筋不對勁，望著我的帳戶裡多出來的五百萬，我想的是：

「既然賺了 500 萬，這算撿來的錢，那戰隊一年也差不多就燒 500 萬——那就來吧，養個戰隊試試看吧。」

我怎麼會以為，退役之後我的日子就能風平浪靜呢？

我就是個會給自己找麻煩的人啊。

戰隊老闆是難度最高的補師

有時候，回頭看看這一路走過來的足跡，會覺得一切都像是一場夢，有時更覺得像是命運想要帶我走到這裡來——誰能想得到，買下戰隊的原因，往回推溯居然只是因為我打算現金買房？！

但如果真要細究，那也只是最初的資金來源，彷彿撿到似的在股市裡賺到 500 萬之後，我大可以繼續讓這筆資金在股市裡繼續錢滾錢，讓自己的身家資產更豐厚，但我選擇了一條沒有人走的崎嶇道路。

不，可能無法用「崎嶇的路」這種委婉的方式來說，這根本是有去無回的一條路。

因為從投入這筆錢的當下我就非常清楚這些錢肯定是肉包子打狗有去無回，會選擇將這筆錢用來買戰隊的終極原因，是因為我回想起了自己成為電競選手的這條路，如果不是遇到 TPA 換人，如果我的韓國隊友 Raison 沒有被禁賽，如果 Toyz 還在……這些種種的如果，成就了我坎坷的職業生涯，所以我想創造一條可能曾經屬於我的榮耀之路，讓我的戰隊選手可以更輕鬆地走在路上，讓台灣的選手，再次踏上世界賽的舞台發光。

從前，我一直在對抗外界批評，想盡辦法要博得一點「丁特其實很行嘛」的回饋，卻沒有意識到把自己的價值建立在那麼多不認識我的人的評價上，是一件很危險的事，後來慢慢找回自己的步調之後，要處理的狀況反倒不是在自己身上，有段時間反而比較是戰隊管理層的問題，像是隊友一直換，必須重新磨合，甚至改變自己在戰隊裡的位置，有時候甚至是新的管理層沒有經驗，反而需要做為選手的我去協助，所以有時候會覺得，我的身分有點詭異，看起來是選手，但其實也要一邊做教練的事情，幫忙帶著新人訓練，也要花很多時間幫隊友做心理建設，畢竟身為一個一路被罵過來的人，我對這方面是還滿有經驗的。

甚至後來戰隊開始和韓國選手合作，也新增了溝通的問題必須解決，當然，我自己也是開始有韓籍隊友之後才奮發練習英文的，不過由於隊友異動頻率很高，再加上多數的新進選手普遍英文都不好，經常全隊只有我比較可以跟韓國人溝通，要肩負起溝通的責任。這些看起來不麻煩但加起來非常繁瑣的事情，久而久之會讓我沒有辦法專心在自己的訓練上，畢竟很多時間和心力都分散去幫助團隊的隊員，解決一些人事上的問題……等等。

當時改變不了大環境的我，其實也只能盡可能地撐下去，但也會有那麼一天，撐到熱情也被消磨殆盡，那就是退役的時候了。

只是我這個人個性就是，即使退役了也很難真的放下，還記得當初退役時寫下的一段話：

「看著滿地的衣服、電競設備、LOL的公仔還有粉絲送的海報玩偶卡片，心裡都想著這麼多東西到底要整理到什麼時候？不過等到真正收拾好才發現其實沒那麼難，看著空空的床鋪和衣櫃，原來真正艱難的是那份遺憾的心情收拾不完。」

雖然做實況主比起當選手輕鬆很多，但其實心中仍然抱著那一份沒能出國比賽的遺憾，但這份遺憾隨著時間昇華成了一種對電競的堅持與信念，心中總想著要怎麼樣改變環境，讓年輕的新血可以在更健康的環境下專心訓練、專心比賽，我也不諱言，很多時候真的也只能想想而已，畢竟花錢經營戰隊的是別人，要解決那些問題，一大半都是又花錢又勞心勞力的事，我們不管是做選手或者一旁看著的旁觀者，都很難說些什麼。

一直到我手上冒出了那500萬，朋友嘻嘻哈哈笑著問我打算用來做什麼，而我發現，不管我嘴裡說著什麼幹話，但心裡冒出來的第一個念頭，就是買一個戰隊。

直到這個時候，我才發現我心裡一直掛念著的，都是同一件事。

好好經營一個戰隊，培養年輕新血，盡可能先排除那些自己曾經遭遇過的事，讓他們在不被打擾的情況下，盡情地在屬於自己的戰場上拚搏。這是一個非常簡單的想法，只是每一個簡單的願望，背後都會需要極其複雜的操作與龐大的資源。

五百萬對經營一個戰隊而言，算不上什麼了不起的資金，但可以是個開始。當時台灣有三個老牌電競戰隊，其中的 TPA 已經賣給周杰倫的 J Team 了，另外 AHQ 與 FW 也已經宣布解散，知道這些事情時，剛好股市開始止跌回升，當時我就在心裡默默地思考著有沒有機會嘗試經營戰隊，到了 2021 年初，就下定決心，好，讓我來試試看。

我確實很想為台灣的電競產業盡一份心力，畢竟這是我的起點，不僅是我的夢想與熱情交會的地方，也曾受過很多人的關照與支持，讓我能在選手這條路上跌跌撞撞走了五年。這些年之中累積的經驗和想法，加上一筆資金，很可能就是一個正向回饋給這個產業的機會。就算真的賠錢了，我自己評估一下，一年最多就賠個五～六百萬，這些錢，反正我玩《天堂》或玩手遊都可能會花掉，那就當作我花在一個戰隊養成的遊戲上吧。

不過，當然很多事情是真的跳進去了之後，才知道水有多深。經營戰隊之後，前兩年都有公開財報，大家可以看得出來，每年支出都高達一千五百萬，足足是我當初預估的兩三倍。

我原本想要用一個簡單的基本規模來培育電競素人，用我自己的能量來撐起這樣的素人戰隊，但真的開始經營之後，才發現那樣的基本規模，其實很難讓人相信我是在玩真的，光是提供選手訓練和起居的地方就大有學問，我本來以為簡單夠用，足以支應基本需求就好，但很快我就會發現，很多事情是我沒有預期到的。

就拿一開始我替選手們準備的訓練室來說，很多人一起睡的話，就容易互相干擾，有人打呼，有人磨牙，有人半夜起來上廁所等等，都可能造成全隊睡不好，睡不好又會導致訓練時不夠專心、強度不足這些後果，所以最後我只好去租個別墅，讓大家有比較舒服的空間感。

接著，為了提供我心目中最佳的訓練規格，一個教練對五個選手的比例是不夠的，因此我又多找了一個教練來；而為了讓選手有強大的動力自我成長，我也設置了獎金制度，這個獎金制度在我很努力培訓、他們也很有天分且認真訓練的良性循環下，幾乎所有人都達到獎勵標準了——林林總總下來，我才發現，原來經營一個基本團隊可能只要花五百萬，但要「好好經營」可能就完全不止如此了。

認真想想，也確實是該這樣沒錯。

當我發現這個坑比我想像中還大的時候，已經是頭洗了一半的狀態，雖然很想沖水，但是手上只有一瓢水，就算全部淋下去也沖不乾淨——這一來絕對是一個非常大的壓力，但另一方面來說，這個壓力對我個人而言是好事。

其實在退役之後，雖然做直播的日子相當愉快，但對我來說始終有點少了些什麼，那個「什麼」，事實上其實就是失去目標了。雖然我還在這個產業裡努力，但直播實況畢竟不像當選手的時候，有非常明確的目標需要追逐，這讓身分轉換後的我感到輕鬆，但也不可諱言地，有著強烈的失落感，彷彿再也沒有什麼值得追求。

而擁有一個戰隊，就像是天上掉下來一個巨大的挑戰，在扛下壓力的同時，我也感覺到自己又充滿能量，為了賺到可以「好好經營」戰隊的金錢，我卯起來工作接案，這時候，真的感覺自己其實不是一個老闆，而是一個補師，拚命想要在我的戰隊背後，用更快的速度為他們補血回魔，找到更多方式幫助他們成長，為了成為一個更好的補師而瘋狂努力著。

不過，這真的很累，平時除了要經營自己的直播和 YT 頻道以外，還要處理成堆的商案跟監督每一天的戰隊訓練過程，有時候會累到我懷疑自己為什麼會需要這麼多生命的動力，我躺平就可以過日子的人，到底為什麼要把自己過成這樣！

不過幸好，我做直播的這麼多年來，和許多電競產業相關的上下游廠商都有很穩定的合作關係，其中有一些廠商便直接來贊助我的戰隊，幫我分攤了一部分的金錢壓力，這點我真的是非常感激他們。在這個階段也開始知道，要當補師……不，要當一個好老闆，自己努力賺錢之外，有本事找到其他支援也是很重要的。

一個曾是電競選手的人當老闆，自然我也會花很多時間在戰隊的訓練和檢討上，這一方面是其他戰隊老闆可能做不到也不會做的事，另一方面當然也會對選手們造成一些壓力——不過，事情就是這樣嘛，我當老闆有我的壓力，各位當選手的自然也要有自己的壓力，我們彼此在壓力下一起成長，這樣是比較健康的事。

為了要督促選手們，我自己是沒有閒著的，除了要不斷繼續玩遊戲，熟悉每一次改版和調整帶來的改變之外，選手們只要有出賽，我就會和他們一起開會檢討這次比賽的戰術，從晚上12點開始，先和教練開會討論一次，等到選手們訓練時間結束，再和選手們開會討論一次，接著我再和教練一起總結檢討一次，常常這整個流程跑完，就已經是5～6點，快天亮的時候了。

當老闆的人，想徹夜不睡，其實很可以選擇去泡夜店，來個酒池肉林夜夜笙歌，不過我本來就對那些沒什麼興趣，加上自己當選手時就是這樣熬夜檢討戰略的，所以我很希望能把自己擁有的這些經驗，同時是其他非選手出身的老闆所沒有的優勢，灌注在我的選手身上，這是我的戰隊之所以特別的地方，特別有壓力，瑕疵特別容易被發現，特別容易快速進步，但在失誤被不斷檢視的同時，也常常會有抗不住壓力而崩潰的時候，這個「監督」的力道如何拿捏，其中的優劣該如何取捨，是一門我至今仍無法完美掌握的課程。

和其他戰隊老闆同樣在燒錢，我經營戰隊還多投入了自己的時間，大量的時間。偶爾面對一些令人沮喪的時候，我也會很生氣，覺得自己到底這一切都是為了什麼。

「你們這種訓練態度，我其實也沒差，因為我只是燒錢嘛！反正經營戰隊就是這樣啊，今天沒有燒在你身上，我也燒在別人身上。但是你們要想，老闆燒掉的錢再賺就有，但你們失去的青春，卻永遠不會再重來。」

有時候，氣頭過了獨處時，想起自己對選手說的那些話，就覺得有點想笑，因為那根本是在對從前的自己喊話。從前的自己那麼努力，有時還是會面臨被效力的隊伍放棄，導致之前的努力與青春都虛擲了。所以我真的好希望好希望，他們能夠在我為他們打造出來的這個環境下，安心地衝，讓自己變得更強，每天都能「超越」昨天的自己。

在這之中，也有很多讓人感到慶幸的時刻。比方說，有時候熬夜檢討完，心裡還有點覺得哎，當我的選手好像壓力真的有比其他戰隊更大耶，但隨即看著選手在比賽時打得很好，然後前一天討論過的事情、教給他的戰術，他隔一天馬上就做到了，這真的是讓人非常欣慰的時刻，這讓我深刻感覺到，我真的有幫助到他，真的有幫助到這個人變強。這種時候特別讓我覺得一切都是值得的，彷彿在深邃的洞穴之中看見遠方的光點，看見台灣電競的未來仍有希望。

前陣子在看世界棒球經典賽時，我也經常想到自己帶的這些選手，因為很多旅外的棒球選手，其實多數台灣人根本都不認識，但是在這樣的國際賽事場合上，我們就可以從這些人身上看見台灣未來的希望，知道原來台灣有這麼多厲害的人，原來我們可以在國際賽上表現得這麼好，無論贏或者輸，都是用盡全力、不卑不亢地和其他各國比肩，這也是我經營戰隊最想得到的。

那就是一個希望，對台灣的、對未來的希望。

經營戰隊至今第三年，前兩年，每一年培訓的五個選手都會離開三個。對於這樣的流動率，我心中其實有很多感慨，不是想要責怪他們，認為他們不該離開。反倒是，我認為我們的戰隊特別好，所以可以讓選手在訓練過程中成長得非常快速，當他們成長得更快更好，當然也就會有其他戰隊看見他們的好，想要挖角，這對我的戰隊雖然是一種傷害，但同時也是一種恭維，因為在我心中，我同樣也認為這些離開的選手值得更好的待遇，只是身為小小資本戰隊老闆的我給不起。

既然我永遠也不可能給得起像是其他大財團那樣的待遇，因此，培養出一個厲害的新人之後，送他離開，去更好的地方，這幾乎是不可避免的事情。有時候不免有點唏噓，即便我已經很努力賺錢找贊助，把選手的薪資及獎金給到極限，但年年都有選手被更大資本的戰隊挖角，經歷一整年勞心勞力又傷財的培訓，卻只能眼睜睜看著自己的選手離開，心中實在有說不上來的苦，但往另一方面想，這也代表我們的選手培訓有成，雖然他們加入了其他隊伍，但仍然代表台灣賽區出戰世界舞台，轉個念想到這我便釋懷了，成功不必在我。

當年我還是選手的時候，其實就常常因為隊友異動而必須面臨重新磨合的過程，經營戰隊之初，我也覺得這點是我希望能為旗下選手避免的硬傷，但卻因為大家都做得很好、進步得很快，反而很難把大家都留下來，做與不做最後都是錯。

有些事真的親力親為才會發現，那些原來你認為別人沒有做好的事情、你被愧對的努力、被蹉跎的光陰，其實換個立場和身分，你也終將變成那個加害者。

走到第三年，我總覺得，這個戰隊就像當年剛進電競選手圈的我，每一年剛開始起步都不太行，都不被看好，但是每一年打到最後，我們總是可以進世界賽，總是可以代表台灣站上國際舞台，我認為這樣的成績，已經足以代表我說很多話了。

和戰隊走到這裡，世界局勢也已經很不一樣了，早已不是當初我賺了五百萬的那個光景。烏俄戰爭開打加上惡性通膨，科技股已經不如以往風光，手上可以燒的錢不如往昔那麼多了，而戰隊還得繼續經營下去，而且要一年比一年更好，就為了那在所有壓力與痛苦的後面，找到一點點希望的瞬間。

要說值不值得嘛，或許很難真的有個定論，世界在改變，錢在流動，就連戰隊上的選手也年年不同，而我只能說，我的努力和付出，至少是問心無愧的。

很多人都會問我，重來一次還會買戰隊嗎？還會當攝影師嗎？還會當選手嗎？對於這些假設性的問題，我的答案永遠都是 YES。

我深深知道，任何人都沒辦法改變過去，人生畢竟是朝著前面走的，所有的遺憾，都只能當成養分跟經驗，而不應該只是後悔，只是寧願一切沒發生過。

好好的繼續走下去，是我對自己的期待，每一年都當作最後一年那樣盡力去拚，那麼無論什麼時候走到盡頭，我都不會後悔。即便這過程很痛苦，即便花了很多錢，即便被很多人質疑有錢不花拿去經營戰隊是為了搏名聲，即便最後落得一事無成的下場，我也能夠像個釣客一樣，即使最後空手而歸，仍無怨無悔。

我不會再和剛成為選手時一樣，斤斤計較著每一個網友的留言，糾結在別人為什麼要誤解我這種事情上了。這是我的成長，就和從小到大每一次玩遊戲一樣，得到的每一個教訓和經驗，都是累積，雖然從前當戰士，現在當補師，但只要願意好好面對自己的選擇，遇到的磨難與歷練，都將成為升級我人生的經驗值。

畢竟，現實生活，不就是一場現實版的經營戰略遊戲嗎？接下來的關卡會是什麼呢？我很期待。

番外
突然展開的支線任務

在我成長的時期，並沒有一種職業選擇叫做「電競選手」或「實況主」，而當時熱愛遊戲的我，雖然自認在遊戲中學到很多，但倒是沒有幻想過能夠靠這回事維生，我還記得，小時候大人最常拿來唸我的，就是這種句型：「整天打電動，你以後是能靠這個吃飯喔？」

不能啊，當然不能，但是靠這個我可以吃飯吃得開心一點，這不也是很重要的事嗎？

當然這種話我可不敢說出來，就是放在心裡。不過，在老師要我們寫「我的志願」之類的作文，或者同學間在討論未來就讀什麼科系時，我也是想過以後要做什麼的。

從小，或許是因為爸爸的職業是警察，在他的影響下，我的家庭生活背景音，有一大半是爸爸愛看的政論節目，加上天生個性又比較白目……呃，委婉一點說，是正直敢言，耳濡目染個幾年後，其實從小對社會議題也多少有些看法，會開始跟著爸爸一起在電視機前，看著名嘴們評論時事，跟著形塑出自己對所處社會的看法，尤其是從國二、國三開始，我在同年齡的朋友之中，也顯得對政治格外狂熱，當時，身邊的同伴大部分是沒想過政治這回事的。

我還記得，大概在高二的時候，全台灣都在倒扁的聲浪中，我們家這樣長期收看政論節目，當然也對當時施明德發起的百萬紅衫軍倒扁活動有很大的熱情，不過因為在離島生活，多數時間只能透過電視「遠距倒扁」。

說巧不巧，某天我聽說了當時的總統陳水扁要到澎湖來，參加澎湖家扶中心的落成典禮，那是早上11點，我該在學校上課的時間，而且那時我的課表上正好是家政課，感覺就是非常適合蹺課去倒扁（誤）。

不過，眾所周知地，我這個人雖然個性叛逆，但有些底線我不會輕易去踩，所以，當時我幹了一件非常笨，但後來想想也非常聰明的事：我去跟我爸預告我要蹺課。

「那個，爸，我跟你說……」前一天晚上，我趁著爸爸正在看政論節目，情緒激昂的時刻，對他說：「我明天早上，可能有一兩節課沒辦法去上。」

我爸用一種 How dare you ? 的表情看著我。

「你的意思是說，你要蹺課？」

「對，我要蹺課，先跟你說一聲。」

「先跟我說一聲？你這孩子是怎麼了？平常我們也不是都完全不給你玩電動的時間，還想說你還算乖，不會隨便跟人家去抽菸喝酒打架的，現在居然要給我蹺課？你蹺課要去哪裡？又要去網咖？我跟你說，那個網咖真的很危險……」

「不是啦，爸。」我趕快打斷他腦中那個「兒子變壞了！」的幻想。「我是想去倒扁啦，陳水扁不是明天要去家扶中心剪綵嗎？我倒扁完就會趕快回去上課，我怕你要是發現會不爽，想說先跟你報備一下。」

我爸表情呆滯，他大概在想，到底要驚訝他兒子居然對政治這麼狂熱？還是該驚訝他兒子居然乖巧到蹺課都要先報告？

「這樣啊，那，欸？你記得把碗洗一洗，不要都讓你媽在洗。」我爸自動改變話題，我猜那就是默許了。隔天，我心安理得在上課時間翻牆出去，參與了我人生中的第一次政治活動。總之，在高二的那次自發性倒扁活動之後，面臨到大學選擇科系的關卡時，我很自然地也想要選擇一個可以幫助弱勢的職業方向，可以做到這件事的職業有很多，綜合考量了我的成績與個性，我進入了以傳播學院聞名的世新大學，就是為了有朝一日，能以新聞記者的身分揭發弊案、傳播訊息，讓更多需要幫助的人得到善意與資源。

後來在學校裡專攻攝影，也是為了這樣的理想，如果能用自己的鏡頭來揭開不公不義的真相，還能為自己餬口飯吃，那應該是很理想的生活了。當然啦，後來有人覺得我扛起攝影機是為了拍到高層裸照好進入台灣第一個世界冠軍電競戰隊，並且拿這種妄想來對我大肆攻擊，那就是後來的事了。

由於這樣長久以來的養成，我的性格中有很大一部分是渴望濟弱扶傾的，這個部分一直到我成為電競選手，甚至退役後成為實況主，或買下戰隊經營，都沒有改變過，不過由於後來的職業方向完全不是我一開始預期的，所以其實並沒有很多機會能夠完成這個揭弊的記者志向。我也沒有想過，個性中的正義感，居然會在我曾經最愛的遊戲《天堂》中爆發出來，這件事，完全是一個始料未及的支線任務。

當時愛玩《天堂M》這個遊戲的原因，和許多人一樣，都是因為懷舊，尤其是想起當年那個被盜帳號的往事，我就百感交集，同時也讓我對改版後的新遊戲更有感情。這個時候我的經濟比較寬裕了，投入在遊戲中的金錢和時間本來就沒有少過，即使一直有人質疑，台灣的《天堂》就是「台灣特別版」，但遊戲橘子這間公司始終不承認，還屢次發出正式聲明否認，所以這個都市傳說一直都是信者恆信，直到我在直播砸下重金拚機率製作「紫布」才間接證實了這個傳說。

這種機率型的機制，本來就很容易怪罪到「我就倒霉」、「我就黑」這種個人運氣上，但在網路交流日益發達的背景下，很容易就能綜合玩家經驗意見來得到一些初步的懷疑，不過即使比對出來，大家都「越想越不對勁」，依然沒有正式且足夠大量的數據能夠支持。

但遊戲橘子好死不死遇到了我，作為一名死忠玩家的我，又樂於把遊戲中的快樂與觀眾分享的我，決定把自己拚「神話武器」的過程在直播放送，為了方便觀眾跟上我的製作進度，也就順便記錄下每一次的製作過程，沒想到意外成了揭露遊戲橘子機率不實的開端。

其實我是完全可以不必蹚這趟渾水的，後來想想，大概是我個性中潛藏著的某種「就是看不下去不公不義之事」，撞上了我所在乎的遊戲，讓我再也沒有辦法只是站在輕鬆玩玩就好的玩家立場，我更渴望能夠從一件小事開始，為我熱愛的遊戲產業帶來一些好的改變。

就如大家所知道的，我花了400萬台幣測試的數據，與官方說法還有一段很大的差距，我走正常的消保申訴程序，卻一直沒有得到合理的回應，我也只能持續針對他們說法的不合理之處提出疑慮並大聲抨擊，然後，在遊戲橘子給不出任何合理解釋的情況下，我竟然就被遊戲公司告了。雖然這樁史上第一次遊戲公司告課長的妨礙名譽告訴後來是我獲勝了。不過，這時想起多年前，我爸為了我整天因為《天堂》跟我媽吵架時，曾說過寧願花200萬來毀掉這個遊戲，我就覺得，一切諷刺得要命，花了400萬得到的證據都無法撼動遊戲橘子，200萬要丟去哪裡？

花了實實在在的400多萬來驗證這個遊戲裡的道具合成機率，我不僅沒有毀掉這個遊戲，反倒讓遊戲公司給告了——這對比，實在令人唏噓，但也讓我認知到，能夠像我這樣花下大筆金錢時間與心力去驗證一個遊戲機制的人並不多，有這種閒錢和時間的人，也很可能寧願把錢拿去賺更多的錢。

而我為的是什麼呢？那也許就是我從小就始終燃燒在心裡的兩把火：對遊戲的熱情和正義的渴望，讓我不僅這麼做了，而且還願意持續這麼做下去吧。

這個支線任務來得非常莫名其妙，但卻呼應了我人生中的兩個重要主軸，如果這個事件能夠拋磚引玉，成為台灣遊戲產業改革的第一步，那麼我想我很願意再繼續投身下去，讓這兩把火燒得更旺，照得更亮。

後記

我的職業生涯／夢想雖然結束在此刻，另一段人生／夢想才要開始

這些年來常有人問我，如果當初沒有選擇當電競選手和實況主會選擇什麼工作？

面對這些疑問其實我的心裡是沒有答案的，所以總是笑笑的回說：「不知道」。因為我其實曾經很認真地想過，如果當初沒有為了認真鑽研大學的攝影課程而去報名打工，不會有導播學長一路熱情的鼓舞我報名參賽，也就不會有近水樓台先得月當上電競選手，更沒有機會成為那個登場即背鍋的 TPA DinTer，沒有機會在 TPA 裡頭跟著隊員們一起成長、沒有機會向當時世界上最強的團隊學習、也得不到這一段世上絕無僅有的抗壓經歷，也就不可能成就今天的我。

那麼既然這十年一路走來，我已不是那個選擇當電競選手之前的我，要如何知道當初沒有做選手的話會做什麼呢？

我只能想像著，也許畢業後就真的去電視台當個正義的攝影記者，報導社會每

一個角落的不公不義之事，然後面對網路世代新媒體的崛起和電視台長官給的壓力，最後不得不放棄心中那股正氣，選擇去拍一些腥羶色的內容、寫出各種騙點閱的狗血標題，只為了生活並且成為那個我所討厭的自己。

每當我回頭想起這十年來經歷的這一切排山倒海的輿論攻擊、這一切總是疲憊不堪且痛苦掙扎的記憶，但仍舊覺得自己是很幸運的，因為這些生命中的磨難與不放棄堅持到底的精神，成就了現在的我，也支持著我在這人世間，不負我心的活著。

劉墉曾寫說：「你可以一輩子不登山，但你心中一定要有座山。它使你總往高處爬，它使你總有個奮鬥的方向，它使你任何一刻抬起頭，都能看到自己的希望。」

祝福看到這裡的各位，都能找到自己心中的那座山，勇敢且熱情地走向人生的山峰。

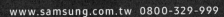

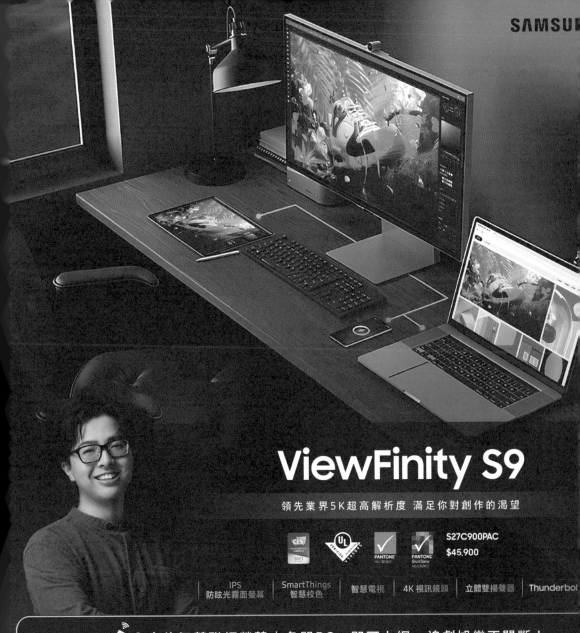

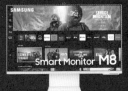

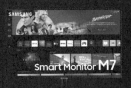

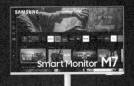

抽獎回函

請完整填寫讀者回函內容，並於 2024/1/31 前寄回「時報出版社」(依郵戳為憑)，即可參加抽獎。
共抽出 37 名讀者，有機會可獲得以下獎品之一。

- Razer Iskur 電競椅 (市價 15900)
- Razer Kraken BT - Hello Kitty and Friends Edition 耳機 (市價 3899)*2 組
- Razer Huntsman Mini 遊戲鍵盤 (市價 3890)
- Razer DeathAdder V3 超輕量人體工學電競滑鼠 (市價 2290)
- SAMSUNG 三星 32 型 4K 智慧聯網螢幕 (S32BM80PUC)(市價 19900)*2 個
- CHESSxDinter 特好背機能兩用後背包 (市價 4350)*30 個

※ 此為隨機抽出，恕無法指定獎品

※ 此次獎品皆為贊助贈品，並無提供保固之效期

活動辦法：

1. 請沿虛線剪下本回函，填妥個人資料，並黏封好後 (不得使用釘書機)，寄回時報出版。(無須貼郵票)
2. 抽獎結果將於 2024/2/5 在「時報流行線 @read.trending.life」IG 及「Dinter」粉專公布。
3. 獎品將於 2024/2/15 陸續寄出，若在此之前出版社未能聯繫上得獎者，將視同放棄，並由出版社另外抽出候補名額。

---------- 對摺線 ----------

讀者資料 (請務必完整填寫、字跡工整，以便通知活動得獎者相關訊息)

讀者資料

姓名：＿＿＿＿＿＿＿＿ □ 先生 □ 小姐

聯絡電話：＿＿＿＿＿＿＿＿

收件地址：□□□＿＿＿＿＿＿＿＿

＿＿＿＿＿＿＿＿

E-mail：＿＿＿＿＿＿＿＿

注意事項：

★ 請將此回函卡（正本，不得影印）寄回時報出版。

★ 本公司保有活動辦法變更之權利。

★ 本抽獎活動若有其他疑問，請洽時報出版 02-23066600#8210 蔡小姐

對摺線

※ 請對摺黏封直接投入郵筒，請不要使用釘書機
※ 無須黏貼郵票

廣	告	回	信
台北郵局登記證			
台	北	廣	字

第 2 2 1 8 號

時報文化出版股份有限公司

10803 台北市萬華區和平西路三段 240 號 7 樓

第五編輯部　流行線 收

CHESS x DINTER

丁特聯名特好背 一包抵兩包

大容量、小容量一次擁有

chess_taiwan

www.chesstw.com

丁特首度聯名機能兩用後背包-特好背

這個包包是我首度聯名後背包！當初的設計概念是依據我親身經歷去設計。每次旅遊都要大包小包，總覺得為什麼沒有一個包包可以涵蓋兩種設計，即使到飯店後，也能輕鬆換成小包立即出門。

特好背一包抵兩包，大容量、小容量一次擁有！適合亞洲男性機能包。蜂巢3D減壓輕設計、大小包輕鬆變換、16吋收納空間、17處收納大小內袋、電腦雙層防撞避震設計、防潑水、行李箱拉桿扣繩都幫你設計到位。

小包除了附側背袋外，更是採用頂級軍規材質codura，抗撕裂、耐磨、輕盈、防潑水、不易褪色。包包從布料到細節都是重本在製作，甚至連拉鍊都是日本YKK拉鍊，順暢不易壞也附上10個 Dinter 聯名拉鍊扣環，與丁特一起遊走！

這次的聯名包包從打版、打樣、修樣，總共耗時1年多。很感謝CHESS團隊幫我一起完成這個夢想。相信很多人一定跟我一樣有個想法，想做自己的品牌和產品；但我是電商小白，從0到1毫無頭緒...，CHESS專業的團隊幫我完成了這個夢想，從討論產品設計到品牌上線，一條龍設計讓我有圓夢的機會，更為我打造了這次聯名！

特級玩家 從虛擬世界戰到現實人生，絕不服輸的英雄之路

作　　者／丁 特 DinTer（薛弘偉）
主　　編／蔡 月 薰
採訪編輯／劉 芷 妤
文　　字／薛 弘 偉、劉芷妤
校　　對／薛 弘 偉、葉瓊瑄
企　　劃／蔡 雨 庭
美術設計／楊 珮 琪、林采薇
內頁設計／郭 子 伶

【特別感謝】

SAMSUNG　RAZER™　CHESS

總編輯／梁芳春
董事長／趙政岷
出版者／時報文化出版企業股份有限公司
108019 台北市和平西路三段 240 號 7 樓
發行專線／(02)2306-6842
讀者服務專線／ 0800-231-705、(02)2304-7103
讀者服務傳真／(02)2304-6858
郵撥／ 1934-4724 時報文化出版公司
信箱／ 10899 臺北華江橋郵局第 99 號信箱
時報悅讀網／ www.readingtimes.com.tw
電子郵件信箱／ books@readingtimes.com.tw
法律顧問／理律法律事務所 陳長文律師、李念祖律師
印 刷／和楹印刷有限公司
初版一刷／ 2023 年 12 月 15 日
定　　價／新台幣 450 元

時報文化出版公司成立於一九七五年，並於一九九九年股票上櫃公開發行，
於二〇〇八年脫離中時集團非屬旺中，以「尊重智慧與創意的文化事業」為信念。

特級玩家：從虛擬世界戰到現實人生，絕不服輸的英雄之路 /
丁特 (薛弘偉) 作 . -- 初版 . -- 臺北市 : 時報文化出版企業股份有限公司,
2023.12
　面；　公分
ISBN 978-626-374-594-0(平裝)

1.CST: 丁特 2.CST: 自傳

783.3886　　　　112018558

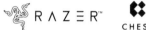